Crazy Monkey MINDSET

CHRIS LEY

Crazy Monkey

MINDSET

Wie du dein Äffchen im Kopf ruhig und ein klares Mindset bekommst

Bibliografische Information der Deutschen Nationalbibliothek
Die Deutsche Nationalbibliothek verzeichnet diese Publikation
in der Deutschen Nationalbibliografie; detaillierte bibliografische
Daten sind im Internet über http://dnb.d-nb.de abrufbar.

Umschlagdesign, Herstellung und Verlag:
BoD - Books on Demand, Norderstedt

ISBN 978-3-7519-5538-6

Inhalt

Einführung

Was ist zu tun, damit dein Äffchen im Kopf ein klares Mindset bekommt?

Je klarer dein Kopf ist, desto mehr kannst du deinen Wünschen Taten folgen lassen. Dein Durchsetzungsvermögen steigt und du wirst zufriedener. Das kann nicht nur Stress abbauen und dir Entspannung bringen, sondern auch deinen Fokus schärfen. Denn wer klar sieht, der sieht besser. Lichtet sich der Nebel des Alltags, kommt die Intuition viel deutlicher zum Vorschein, und die ist meist der beste Lehrmeister. Denn wer weiß besser, was du brauchst und willst, als du selbst?

Wäre da nicht dieses kleine verrückte Äffchen, das in deinem Kopf herumtanzt und unbeaufsichtigt nichts als Blödsinn anstellt. Wo das Äffchen herkommt, fragst du? Das Äffchen steht sinnbildlich für den reaktiven impulsiven Teil deines Gehirns. Es stürzt sich auf jede noch so kleine Ablenkung, will Spaß haben und ist von Unruhe und Impulsivität geplagt. Vielleicht kennst du das auch: Jemand muss dich nur schief angucken und sofort fängt dein Gehirn an zu arbeiten: »Warum schaut der mich so an? Habe ich Zahnpasta im Gesicht?« Und du kennst auch Situationen, in denen du dich geschickt von dem wirklich Wichtigen ablenken kannst. Wie oft tust du genau das Gegenteil von dem, was dir gut tut?! Das ist dein sogenanntes Monkey Mind, das Äffchen im Kopf. Es schert sich leider herzlich wenig um Verpflichtungen, Deadlines und Steuererklärungen. »Auf ins nächste Abenteuer« lautet stattdessen seine Devise. Und eh du dich versiehst, ist der Tag vorbei und die langweilige To-do-Liste blieb unberührt …

Und es ist noch schlimmer. Nicht nur, dass der Crazy Monkey in deinem Kopf randaliert und dich von deinen Plänen abhält, hinzu kommt, dass wir ständig im Dialog zwischen Innen und Außen sind. Mein Lehrer, Sanjeev Pandey, sagte bei einer Unterrichtsstunde im Himalayagebirge zu mir: »Stell dir vor, du fragst mich: ›Meister Pandey, bei wem findet heute Abend die Mediation statt?‹, und ich sage zu dir: ›Geh zu Meister Ram Ji, er wird die Meditation in der großen Halle machen.‹ Du gehst also zu Meister Ram Ji und er sagt zu dir: ›Geh zu Meister Pandey, er wird die Meditation im Tempel machen.‹ Du kommst also wieder zurück zu mir. Das geht drei- oder viermal so. Was machst du? Irgendwann wirst du in der Mitte stehen bleiben und nicht mehr wissen, was du glauben sollst. Genauso ist es mit unseren Gedanken im Kopf und der Realität. Irgendwann sind wir verwirrt und wissen nicht mehr, was wir glauben oder tun sollen.«

Warum dein Äffchen Kekse braucht

Es gibt Ansätze, das Äffchen aus deinem Kopf zu bekommen. Tatsächlich ist das Äffchen ein sehr wichtiger Teil deiner Persönlichkeit, den du nicht einfach so loswerden solltest. Deine Chance: Vielleicht ist auch dein Äffchen lernfähig und vielleicht kannst du es auf deine Seite bringen. Lass es uns gemeinsam zähmen, indem du ihm Kekse hinwirfst! Okay, du sollst dir jetzt also nicht wirklich Kekse an den Kopf werfen. Nein, ich meine sinnbildlich, dass du dein Äffchen mit Keksen dazu bringen kannst, ruhig sitzen zu bleiben. Du hast auf einmal die Aufmerksamkeit des Äffchens und es fängt an, auf dich zu hören.

Mit den richtigen Aufgaben und Impulsen hast du eine Chance, deine unruhigen, impulsiven, unentschlossenen, verwirrten und unbeständigen Momente positiv zu nutzen.

Dieses Buch ist voller Kekse für dein Äffchen im Kopf. Mach es wie mit einer richtigen Packung Kekse: Reißt du sie auf und futterst gleich alles auf einmal, wirst du vielleicht Bauchschmerzen bekommen und morgen schon wieder Lust auf eine neue Packung bekommen. Teilst du dir die Kekse gut ein, halten sie länger. Viel Spaß beim Füttern!

TEIL 1: Kekse für das richtige Mindset

Dein Mindset bzw. deine persönliche Grundeinstellung ist absolut wichtig für deinen Erfolg. Sie baut auf deinen Erfahrungen auf. Wenn du dir eine Situation anschaust, siehst du sie immer durch den Filter deines Mindsets. Dieser Filter ist aber nicht immer richtig und vor allem nicht immer zielführend. Deshalb ist es umso wichtiger, dass du an deinem Mindset arbeitest und es auf Erfolgskurs bringst. In den folgenden Kapiteln lernst du, wie du deinen Kopf so programmierst, dass du Erfolg zur Gewohnheit machst.

1 Wie du dein Gehirn auf positives Denken umprogrammierst

Die meisten unserer Gedanken entstehen, ohne dass wir das bewusst entscheiden. Da uns unser Gehirn in erster Linie vor Gefahren schützen will, sind unsere Gedanken meist negativ. Wir befassen uns damit, was schiefgelaufen ist, was uns gerade stört, was uns in Zukunft Schlimmes passieren könnte und wie wir es verhindern könnten. Negative Gedanken sorgen für negative Gefühle, und unsere Gefühle beeinflussen, wie erfolgreich und glücklich wir sind. Lies diesen Abschnitt bis zum Ende und du wirst verstehen, wie Gedanken produziert werden und wie du positiv Einfluss darauf nehmen kann. Wenn du weißt, wie du dein Denken positiv beeinflussen kannst, fühlst du dich wesentlich besser und kannst deine Ziele mit Leichtigkeit erreichen.

Die gute Nachricht

Du kannst tatsächlich Einfluss auf deine Gedanken nehmen. Du kannst dafür sorgen, dass täglich eine Vielzahl an positiven Gedanken durch deinen Kopf rauscht und du dich dadurch gut fühlst.

Zwei Denksysteme

Laut Psychologie haben wir zwei Denksysteme in uns verankert. Das eine System läuft automatisch. Unser Gehirn will möglichst effizient arbeiten und nutzt daher Erfahrungen aus der Vergangenheit und projiziert diese auf die jetzige Situation. So werden **schnell** Entscheidungen getroffen, ohne wirklich über etwas nachzudenken. Dieses System ist extrem hilfreich, bringt aber auch Nachteile. Vielleicht hat dich ein Hund gebissen, als du noch ein Kind warst, und jetzt hast du als Erwachsener immer noch Angst vor Hunden, obwohl du verstehst, dass die meisten ungefährlich sind. Vielleicht hast du früher gesungen und wurdest ausgelacht. So ein Erlebnis ist schmerzhaft und dein Gehirn will dich davor in Zukunft schützen. Daher denkst du jetzt immer »Ich kann nicht singen«, sobald sich die Gelegenheit ergibt. Dabei muss dieser Gedanke gar nicht stimmen. Wenn du also nur auf dein automatisches Denksystem vertraust, setzt du dich negativen Emotionen aus und blockierst dich in vielen Situationen selbst.

Das bewusste Denksystem

Das zweite Denksystem basiert auf deinem bewussten Denken. Die meisten Gedanken passieren automatisch, aber du kannst auch selbst entscheiden, was du denken möchtest. Durch dein bewusstes Denken kannst du Einfluss auf dein unbewusstes Denken nehmen.

Positive Gedanken im System integrieren

Es existiert ein ganz einfacher Trick, mit dem du positive Gedanken in dein automatisches Denksystem integrieren kannst. Der Schlüssel lautet WIEDERHOLUNG. Wenn du schon Tausende Male gedacht hast: »Ich kann nicht singen«, sobald du den Drang dazu hattest, dann wird dein Gehirn auch in Zukunft am liebsten diesen Gedanken aufkommen lassen. In deinem Gehirn haben sich Nervenbahnen gebildet, die den Abruf der »Ich kann nicht singen«-Information schnell und einfach durchführen. Der Trick ist also, eigene Nervenbahnen zu schaffen und diese möglichst auszubauen. Du entscheidest selbst, was du in einer jeweiligen Situation denken möchtest und wiederholst diesen Gedanken bewusst so häufig, bis er automatisch abgerufen wird. Ob du vor den Spiegel trittst und denkst: »Das geht ja gar nicht« oder »Mann, seh ich geil aus«, hat nur bedingt etwas mit deinem Aussehen zu tun. Entscheidend ist vor allem, was du gewohnt bist, in so einer Situation zu denken, und das kannst du beeinflussen. Mach eine Challenge daraus: Immer wenn du dich in einem Spiegel siehst, sagst du dir ab heute: »Mann, seh ich geil aus« (*oder nimm deine eigenen Worte dafür*). Mach diese Übung zwei Wochen lang. Wenn du mal nicht daran denkst, fängt die Challenge von vorne an. Überleg dir, wie du dich belohnen wirst, wenn du nach zwei Wochen erfolgreich einen positiven Gedanken integriert hast.

Negative Gedanken infrage stellen

Was du außerdem tun solltest: Stell negative Gedanken infrage. Stimmt es wirklich, dass du nicht singen kannst? Was soll das überhaupt bedeuten? Da du deine negativen Gedanken anzweifelst, verlieren sie an Wirkkraft. Mach das am besten schriftlich. Schreib einen negativen Gedanken auf und danach so viele Beweise wie möglich, warum dieser Gedanke nicht wahr ist. Du wirst überrascht sein, mit welchem Unsinn du dich belastest. Schreib danach auf, was du denken willst. Welcher Gedanke bringt dich voran, anstatt dich kleinzuhalten? Ich rate dir wirklich, diese Übung schriftlich durchzuführen. So kannst du den größten Effekt erzielen.

2 Wie du dein schlechtes Gewissen sofort los wirst

Ein schlechtes Gewissen entsteht dann, wenn du Schuldgefühle hast. Um ein schlechtes Gewissen loszuwerden, ist es wichtig, zu verstehen, woher Schuldgefühle kommen. Schuld ist kein angeborenes Gefühl so wie Trauer oder Freude. Schuld ist ein Instrument, das dazu eingesetzt wird, Menschen in bestimmte Verhaltensmuster zu drängen. Wir alle kennen Schuldgefühle nur deshalb, weil wir so erzogen wurden. Das ist wirklich wichtig zu verstehen, denn das bedeutet, dass du nicht an deine Schuldgefühle gebunden bist.

Wie du Schuldgefühle abwirfst

Du kannst theoretisch dein schlechtes Gewissen sofort abstreifen, indem du aufhörst, dir für dein Verhalten die Schuld zu geben. Das solltest du auch tun, denn dir für etwas die Schuld zu geben, hilft niemandem weiter. Das bedeutet nicht, dass du keine Verantwortung für deine Taten trägst, im Gegenteil. Doch was auch immer du in der Vergangenheit getan hast, du wusstest es damals nicht besser. Versetz dich jetzt mal in Gedanken in die Vergangenheit, als du etwas getan hast, das du heute bereust. Wenn du dich wirklich in die Situation hineinversetzt, wirst du merken, dass du wieder dasselbe tun würdest. Damals kanntest du einfach keine besseren Lösungen oder dir war damals nicht bewusst, wie schlimm die Auswirkungen deiner Taten sein werden. Wenn du das akzeptierst, dann kannst du dir verzeihen und wirst deine Schuldgefühle los.

Der richtige Umgang mit Fehlern

Die Wahrheit ist, dass du dein ganzes Leben lang dazulernst. Das heißt auch, dass du ein Leben lang Fehler machen wirst, da du nie genug weißt. Du bist dazu gezwungen, jeden Tag Entscheidungen zu treffen, und du wirst mit ihren Konsequenzen leben müssen, egal, wie schlecht sie waren. Das kannst du nicht ändern, und was du nicht ändern kannst, solltest du akzeptieren. Akzeptier deine Fehler, lern aus ihnen, damit du sie nicht noch mal machst, und mach dich frei von Schuld.

Ich fasse zusammen: Ein schlechtes Gewissen entsteht aus Schuldgefühlen. Schuldgefühle sind anerzogen und du kannst sie ablegen. Verzeih dir deine vergangenen Fehler, denn damals wusstest du es nicht besser.

3   Klarheit im Kopf bekommen: drei einfache Schritte

Willst du mehr Klarheit erlangen? Häufig fühlen wir uns vom Leben hin- und hergeschubst und wissen nicht mehr, wohin wir wollen. Mit der folgenden einfachen Methode kannst du Klarheit generieren, Probleme lösen und Struktur in dein Leben bringen.

Schritt 1: Definier deine Istsituation

Am besten nimmst du dir Stift und Papier und machst diese Übung sofort mit. Die folgende Methode hilft dir dabei, ein konkretes Problem zu lösen oder allgemein Klarheit in dein Leben zu bringen. Wir nehmen jetzt an, du hast gerade ein Problem und weißt einfach nicht, wie du das lösen sollst.

Schreib auf, was genau dein Problem ist. Manchmal übergehen wir dieses Verstehen. Wir haben nur ein schlechtes Gefühl und fangen an, irgendetwas zu machen, in der Hoffnung, dass das Gefühl dadurch weggeht. Mach das nicht, sondern werd jetzt zum Analytiker. Was genau ist gerade dein Problem?

Schreib in möglichst klaren Worten. Die meisten Probleme sind vollkommen banal – du musst nicht erst zum Tiefenpsychologen werden. Zum Beispiel: Ich bin unglücklich in meinem Job / Ich habe Schmerzen im Rücken / Ich fühle mich einsam.

Schritt 2: Definier deine Wunschsituation

Im zweiten Schritt schreibst du auf, wie deine Wunschsituation aussieht. Denk dabei noch nicht daran, wie du sie erreichst. Bring einfach mal Klarheit in deinen Geist, indem du ein positives Ziel definierst.

Sei auch hier so klar wie möglich. Wie sieht das Gegenteil von deinem Problem aus? Anhand der oben genannten Beispiele: Ich arbeite in einem Beruf, der mich erfüllt / Ich bin vollkommen schmerzfrei / Ich lebe in einer glücklichen Beziehung.

Wenn du diese zwei Schritte erledigt hast, bist du klar und motiviert. Dein Gehirn weiß jetzt, wovon es weg und wohin es will. Genau das ist der Zustand, den du erreichen willst.

Eigentlich ist das recht einfach, doch normalerweise nimmt sich niemand die Zeit, sich hinzusetzen und seine Situation wirklich zu analysieren. Ich rate dir wirklich, das zu machen. Lass es dir zur Gewohnheit werden, deine Probleme aufzuschreiben und sie wirklich konkret zu machen.

Das Schöne dabei: Manchmal schreibst du ein Problem auf und merkst, dass es in deinem Kopf viel größer als in der Wirklichkeit ist. Das Aufschreiben kann dann schon die Lösung sein.

Schritt 3: Definier einen Plan

Im dritten Schritt machst du dir einen Schritteplan und kommst dadurch ins Handeln. Der muss nicht vollständig sein, aber zumindest den nächsten Schritt in Richtung Wunschsituation solltest du kennen. Wenn du zum Beispiel unglücklich in deinem Job bist, was wären die groben Schritte hin zu einem Beruf, der dich erfüllt?

Du müsstest wissen, welcher Job dich erfüllen würde. Danach könntest du dir die Kompetenzen aneignen, die du für so einen Beruf brauchst usw.

Wenn du die groben Schritte hast, mach den nächsten Schritt ganz konkret. Was genau ist jetzt dein Etappenziel? Wann hast du es planmäßig erreicht? Sobald dein Schritteplan steht, musst du ihn nur noch umsetzen.

4 Immer entspannt: Der Weg in einen entspannten Alltag

Zu viele Menschen versinken im Alltagsstress und finden keinen Weg hinaus. Sie fügen dann Meditation oder Yoga ihrer sowieso schon überfüllten To-do-Liste hinzu und werden dadurch kein bisschen entspannter. Wie Entspannung wirklich funktioniert und wie sie den ganzen Tag anhält, erfährst du in diesem Abschnitt.

Manchmal kann es passieren, dass selbst die Entspannung zum Stressfaktor wird. Zum Beispiel dann, wenn du zwischen zwei Terminen noch eine Meditation einschieben willst, um schnell wieder frisch im Kopf zu sein. Entspannen wird so zu einer weiteren Aufgabe auf deiner To-do-Liste und verfehlt daher ihre Wirkung. Es bringt einfach wenig, wenn du den Tag über gestresst bist und dann am Abend sagst, jetzt entspanne ich mich zum Ausgleich. Dein Stress hat einen Ursprung, und nur wenn du diesen angehst, kannst du grundsätzlich und langanhaltend entspannter werden. Um das umzusetzen, erhältst du jetzt hilfreiche Tipps.

Meditier den ganzen Tag

Mein erster Tipp lautet: Meditier den ganzen Tag, statt nur zehn Minuten. Damit meine ich nicht, dass du den ganzen Tag still dasitzen sollst. Bei der Meditation nimmst du eine bestimmte Perspektive ein. Du wirst zum Betrachter deiner Selbst und lässt dein Nervensystem einfach machen, ohne zu bestimmen, wo es langgeht. Genau das kannst du den ganzen Tag über machen und es dir sogar zur Gewohnheit werden lassen. Achte zum Beispiel mal darauf, wenn du joggen gehst. Vielleicht bist du dabei immer völlig gedankenverloren oder denkst über irgendwelche Probleme nach. Geh mal beim Joggen bewusst in die Perspektive des Betrachters. Nimm einfach nur wahr, wie dein Körper sich vorwärts bewegt und dein Atem rhythmisch ein- und ausfließt. Denk dabei möglichst an nichts, bleib im Hier und Jetzt. Du wirst merken, wie viel besser du dich nach so einer Tour fühlst. Je mehr du übst, diesen Bewusstseinszustand bewusst herbeizuführen, desto einfacher gelingt es dir. Entspann dich auf diese Weise, wenn du mit dem Zug fährst, einkaufst oder arbeitest. Du hast immer die Möglichkeit, komplett ins Hier und Jetzt zu kommen und deinem Geist eine Auszeit zu gönnen. Dadurch bleibst du den ganzen Tag über entspannt.

Streich Dinge aus deinem Leben

Mein zweiter Tipp kann dein Leben radikal verändern. Er lautet: Streich alle Tätigkeiten aus deinem Leben, die dich nicht gesundheitlich, beruflich oder sozial weiterbringen. Dafür musst du dir wirklich bewusst machen, wohin täglich deine Energie fließt. Am besten ist, wenn du eine Woche lang notierst, was du in der jeweils letzten halben Stunde getan hast. So erhältst du tatsächlich einen Überblick. Du hast mit der Zeit Gewohnheiten aufgebaut, die sich völlig normal anfühlen, aber dich gar nicht weiterbringen. Manche von ihnen schaden dir sogar. Wenn du diese Tätigkeiten aus deinem Leben streichst, hast du plötzlich viel mehr Zeit, lebst gesünder und bist auch entspannter.

Die Philosophie der Stoiker

Mein letzter Tipp stammt von den Stoikern. In der stoischen Philosophie geht es darum, universelle Prinzipien zu akzeptieren und Verantwortung für die eigenen Emotionen zu übernehmen. Auf den Punkt gebracht lautet diese Philosophie wie folgt: Akzeptier das, was du nicht ändern kannst, und veränder das, was du ändern kannst. Der Stoiker sagt: Alles, was in der Außenwelt liegt, also nicht in dir, kannst du nicht beeinflussen. Das gilt für das Wetter, den Verkehr und für die Reaktionen deiner Mitmenschen. Das ist ganz schön hart, denn wollen wir doch genau darüber Kontrolle erlangen. Wir wollen, dass man uns liebt oder zumindest bei uns kauft, und wir wollen uns sicher fühlen in einer chaotischen Welt. Vielleicht verschwenden wir aber durch genau diesen Kontrollzwang wertvolle Energie, die wir in uns selbst investieren könnten. Denn wir sind das Einzige im Universum, das wir wirklich ändern können. Wir können entscheiden, was wir denken, wie wir uns fühlen und wie wir handeln. Das gilt auch dann, wenn das Leben gerade furchtbar ungerecht und grausam zu uns ist. Du entscheidest immer selbst, wie du auf das Leben reagierst, und wenn du es wie der Stoiker machst, dann siehst du jeden Stressfaktor als Übung, um gelassen zu sein. Ich hoffe, ich konnte dir mit diesem Keks helfen.

5 Mehr Zeit zu haben für das, was wirklich zählt

Zeit zu haben ist das neue Reichsein. Mehr Zeit für Entspannung, für die Kinder, das Lesen, das Wesentliche – ganz einfach mehr Zeit für dich. Das Problem hierbei ist nie die Zeit, das Problem sind wir selbst. Was ich damit meine und wie du mehr Zeit bekommst, erfährst du jetzt.

Warum mir dieses Thema so sehr am Herzen liegt

Die meiste Zeit in meinem Leben ging es mir in erster Linie um Erfolg. Ich wollte immer fitter werden, noch mehr Kunden gewinnen, mehr Wettkämpfe gewinnen, noch mehr Vorträge halten, das nächste Ziel erreichen und natürlich noch mehr Geld verdienen.

Diese Dinge reizen mich auch heute noch, aber ein bestimmtes Ereignis in meinem Leben ließ mich radikal umdenken: Mein Sohn kam auf die Welt und wir wussten nicht, ob er überleben würde. Er war schwer krank, meine Frau und ich hatten große Sorgen und mir wurde bewusst, dass gerade nichts auf der Welt wichtiger ist, als Zeit für meinen Sohn zu haben.

Also MUSSTE eine Lösung her. Auch wenn ich selbstständig arbeitete und wir auf mein Einkommen angewiesen waren, musste ich es hinkriegen, meine Arbeitszeit radikal zu kürzen. Mein Ziel waren damals drei Tage in der Woche.

Folgend erfährst du die wesentlichen Schritte, die ich gegangen bin, um mein Ziel zu erreichen. Klar, nicht in jeder Woche kam ich auf drei Tage, aber denk mal nach: Wie viel wäre es dir wert, allein einen Arbeitstag aus deiner Woche streichen zu können?

Übrigens: Mein Sohn genießt heute das Leben in vollen Zügen und für mich ist klar: Die Zeit mit ihm ist unbezahlbar, und daher reduziere ich nach wie vor mein Arbeitspensum. Jetzt aber zu den drei Schritten, die du gehen kannst, um mehr Zeit zu haben …

Schritt 1: Was zählt in deinem Leben?

Manchmal denken wir Sätze wie: »Ich hätte gerne mehr Zeit für die Dinge, die wirklich zählen«, ohne dass uns dabei bewusst ist, WAS denn wirklich zählt …

Viele stürzen sich in Zeitmanagementtricks und -tools, aber lassen diese dann wieder links liegen, da ihnen schlichtweg das »Was« fehlt. Wofür willst du denn mehr Zeit? Willst du mehr Zeit für deine Familie? Was genau willst du denn mit deiner Familie wann machen? Werde hier mal ganz konkret, damit du auch auf etwas zusteuern kannst.

Weniger arbeiten allein ist kein gutes Ziel. Du musst deine Arbeitszeit schon mit etwas Sinnvollem ersetzen wollen. Die Klarheit, wovon du weg willst und wohin du willst, ist die Grundvoraussetzung dafür, dass eine nachhaltige Änderung in deinem Leben stattfinden kann.

Nimm dir also jetzt mal kurz Zeit, um zu überlegen, wie viel Zeit du wöchentlich mehr haben willst und wofür.

Schritt 2: Hör auf, deine Zeit zu verschwenden

Wenn du weißt, wie ein sinnvolles Zeitinvestment nach deinem Wertesystem aussieht, kannst du dein aktuelles Verhalten kritisch hinterfragen. Das ist vielleicht unangenehm, aber wahrscheinlich versteckt sich gerade hier der größte Hebel …

Wenn du bei deiner Analyse wirklich ehrlich zu dir bist, wirst du merken, dass du viel Zeit verschwendest. Wahrscheinlich hättest du schon genug Zeit für Entspannung, für die Natur oder die Familie, aber du machst einfach zu viel anderes Zeug.

Wie oft wünschen sich Menschen, dass sie mal wieder Zeit für ein gutes Buch hätten, und glotzen dann doch lieber Netflix …

Wie viel Zeit verschwendest du, indem du irgendwelche Nachrichten liest, die mit deinem Leben gar nichts zu tun haben? Wie viel Zeit verschwendest du mit Social Media? Wie oft ziehst du irgendwelche Aufgaben vor, die gar nicht wichtig sind, um nicht das zu tun, was zählt? Der direkteste und einfachste Weg, um mehr Zeit zu haben, lautet: Streich Zeitverschwendung aus deinem Leben.

Wenn dir das hier wirklich ernst ist, dann mach Folgendes: Track deine Aktivitäten für eine ganze Woche. Nimm dir eine Tabelle und schreib nach 30 Minuten immer in eine Zelle, wie du diese 30 Minuten genutzt hast. Das ist mühsam, aber nach dieser Woche weißt du Bescheid. Du kannst genau analysieren, wie viele Dinge du tust, die du gar nicht als sinnvoll empfindest.

Schritt 3: Setz dir Zeitfenster bei der Arbeit

In der Regel haben wir erst dann das Gefühl, den Tag richtig genutzt zu haben, wenn wir am Abend völlig erschöpft sind. Diese Konditionierung führt häufig dazu, dass wir gerne mal Aufgaben in die Länge ziehen oder komplizierter machen, als sie sind.

Unternehmer und Selbstständige brüsten sich mit 80-Stunden-Wochen, und der Angestellte wird sowieso pro Stunde bezahlt – egal, was er in dieser Zeit macht. Viel

Zeit in Arbeit zu stecken, wird also positiv assoziiert, und das ist doch kompletter Schwachsinn!

Es kommt nicht darauf an, wie viel du arbeitest, sondern welchen Effekt / Mehrwert du dadurch erzielst. Auf die Resultate kommt es an!

Das populärste Parkinsonsche Gesetz lautet: »Arbeit dehnt sich in dem Maß aus, in dem Zeit zur Verfügung steht.«

Wenn du meine Meinung dazu hören willst: Ja, das ist so. Ich setze mir daher immer enge Zeitfenster, in denen ich bestimmte Arbeiten erledige. Ich schreibe zum Beispiel nicht mehrmals die Woche einen Blogartikel, sondern bestimme einen Tag mit einem bestimmten Zeitfenster, um alle Blogartikel für die Woche zu verfassen.

Genau das rate ich dir auch. Konzentrier dich auf die Dinge, die wirklich wichtig sind, und leg dir enge Zeitfenster, um sie zu erledigen.

6   Verantwortung übernehmen: Bekomm dein Leben in den Griff

Steckst du gerade in einem Tief? Oder läuft es bei dir gut, du willst aber noch erfolgreicher werden? So oder so lautet der Schlüssel: »Mehr Verantwortung übernehmen.« Verantwortung klingt vielleicht nicht sexy, aber führt zu mehr Macht, emotionaler Unabhängigkeit und zu einem selbstbestimmten Leben – Verantwortung ist sexy!

Warum Verantwortung so wichtig ist

Wenn wir verstehen wollen, warum Verantwortung so wichtig ist, müssen wir uns einfach einen Menschen vorstellen, der keine Verantwortung übernimmt. Was denkst du? Wie gesund ist ein verantwortungsloser Mensch? Wie gut sind seine Beziehungen und wie gut läuft es in seinem Job? Genau! Verantwortungslosigkeit endet in der Katastrophe. Auf der anderen Seite kann Verantwortung dazu führen, dass du Kontrolle über dein Leben bekommst, bessere Beziehungen führst und mehr Geld verdienst. Daher will ich dir jetzt drei Impulse für mehr Verantwortung mitgeben. Du kannst für dich entscheiden, ob du diese in dein Leben integrieren willst.

Impuls 1: Bestimm die Richtung in deinem Leben

Mein erster Impuls lautet: Übernimm Verantwortung über die Richtung in deinem Leben. Wie sieht das konkret aus? Zum Beispiel so, dass du ein konkretes Bild von deinem Traumleben schaffst. Dass du dir konkrete Ziele setzt und so bestimmst, in welche Richtung dein Leben laufen soll. Wenn du das nicht tust, dann läufst du immer in die Richtung, in die dich jemand schickt. Du stellst dich in den Dienst anderer Menschen, die eine Vision haben. Du kannst nicht von heute auf morgen dein ganzes Leben ändern, aber in fünf Jahren kann dein Leben radikal anders aussehen. Übernimm die Verantwortung für deine Zukunft, indem du die Richtung bestimmst.

Impuls 2: Wie gehe ich mit meinen Mitmenschen um?

Impuls Nr. 2 lautet: Übernimm Verantwortung für deine Beziehungen. Das schaffst du, indem du dir über deine sozialen Werte bewusst wirst. Betrachte dich von außen und überleg dir, als welchen Menschen dich deine Mitmenschen beschreiben sollen. Oder noch besser: Stell dir vor, dass dein Bruder oder dein Freund bei deiner Beerdigung eine Grabrede halten würde – wie sollte diese im besten Fall klingen? Überleg dir, wie du mit deinen Mitmenschen umgehen willst, und halte dich daran. Lass dich nicht zu sehr von deinen emotionalen Impulsen leiten. Diese führen oft dazu, dass wir andere erniedrigen oder belügen. Bleib auch dann deinen Werten treu, wenn andere sich dir gegenüber unsozial verhalten.

Impuls 3: Übernimm Verantwortung für deine Finanzen

Der letzte Impuls lautet: Übernimm Verantwortung für deine Finanzen. Wenn du gerade das Gefühl hast, dass du nicht genug Geld verdienst, vermeide einen schmerzhaften Fehler: Such die Schuld nicht bei der Politik, der Wirtschaft oder dem System. Du darfst gerne eine kritische Haltung haben, aber im Moment verdienst du einfach so viel Geld, wie du Werte in den Markt trägst. Das bedeutet, wenn du mehr Geld verdienen willst, dann musst du effizienter darin werden, Werte für andere Menschen zu schaffen. Das Gute ist: Du kannst dir jedes Wissen und jede Fähigkeit aneignen, die du dafür brauchst. Doch um auf die richtigen Ideen zu kommen, musst du erst einmal Verantwortung übernehmen, anstatt die Schuld bei anderen zu suchen.

7 Mindset-Hacks, die dein Leben radikal verändern

Dein Mindset bzw. deine Denkweise entscheidet darüber, ob du im Leben übermäßig erfolgreich bist oder unnötige Lasten trägst. In diesem Kapitel erhältst du vier Mindset-Hacks, die deine Denkweisen auf Leichtigkeit und Erfolg ausrichten.

Wenn wir im Leben nicht weiterkommen oder das Gefühl haben, dass die Welt gegen uns ist, dann liegt das meistens daran, dass wir Dinge aus dem falschen Blickwinkel sehen. Es ist wichtig, dass wir geistig flexibel bleiben und uns eine Art zu denken aneignen, die uns glücklich macht oder zumindest vor unnötigem Leid bewahrt. In diesem Abschnitt erhältst du vier Denkweisen, die für dich vielleicht neu sind, dich aber enorm nach vorne bringen können.

Sei nicht der Klügste im Raum

Die erste Denkweise lautet: Sei nicht der oder die Klügste im Raum. Damit will ich nicht sagen, dass es schlecht ist, wenn du besonders klug bist, sondern dass es ein großer Vorteil ist, wenn du dich mit Leuten umgibst, die klüger sind als du. Je klüger, fähiger oder glücklicher die Menschen in deinem Umfeld sind, desto mehr entwickelst du dich in genau diese positive Richtung. Das klingt doch sehr logisch, aber warum denken dann die meisten Leute nicht so?

Es ist einfach bequemer, sich mit Menschen zu umgeben, die einem nicht überlegen sind. Wenn du zum Beispiel unsportlich bist, kann es für dich richtig unangenehm sein, ein Fitnessstudio zu betreten. Du siehst dort Menschen, die seit Jahren ihren Körper trainieren, und dir wird bewusst, wie weit du von diesem Ideal entfernt bist. Um dieses unangenehme Gefühl loszuwerden, könntest du das Studio verlassen und dich nur noch mit Leuten umgeben, die genauso wenig von Sport halten wie du. Durch diese Bequemlichkeit wirst du dich jedoch nicht weiterentwickeln. Und wahrscheinlich führt sie dazu, dass du in der Zukunft einen hohen Preis bezahlst. Was ist also die bessere Alternative? Du bleibst in dem Fitnessstudio und umgibst dich mit Leuten, die fitter sind als du. Das verpasst deinem Ego wahrscheinlich regelmäßig einen Stich, aber das ist umso besser. Du hast keinen Bock mehr, der Schwächste im Raum zu sein, und wirst dich gezwungenermaßen weiterentwickeln und fitter werden.

Das Leben ist ein Videospiel

Denkweise Nr. 2 lautet: Das Leben ist ein Videospiel. Diese Denkweise soll dir vor allem dabei helfen, Fehler mit mehr Leichtigkeit zu sehen. Bei Videospielen ist es ganz normal, dass der Protagonist an vielen Stellen stirbt bzw. scheitert. Die natürliche Reaktion darauf ist, es einfach noch mal zu probieren, und wenn man wieder stirbt, spielt man weiter, bis man die schwierige Stelle gemeistert hat. Je schwieriger ein Level war, desto größer ist das Glücksgefühl, wenn man es geschafft hat. Niemand käme auf die Idee, ein Spiel spielen zu wollen, das keine Herausforderung darstellt – es wäre langweilig. Häufig gehen Menschen jedoch mit ihrem Leben so um. Sie setzen Dinge nicht um, da sie befürchten, dass sie scheitern könnten. Wenn du das Leben mehr wie ein Videospiel siehst, passiert dir das nicht. Du kämst nie darauf, NICHT zu spielen, nur weil es an irgendeiner Stelle schwierig wird. Du gehst sogar davon aus, dass du Fehler machen und scheitern wirst, aber freust dich auf die Herausforderung.

Sieh der Realität ins Auge

Denkweise Nr. 3 lautet: Ich sehe der Realität ins Auge, auch wenn es mir Angst bereitet. Kinder, die von ihren Eltern zu sehr behütet wurden, sind manchmal regelrecht geschockt, wenn sie erfahren, wie grausam ihre Mitmenschen sein können oder wie viel Leid tatsächlich in der Welt herrscht. Sie ziehen sich dann in eine Traumwelt zurück und hören auf, der Realität ins Auge zu sehen. Das Problem hierbei ist: Die Realität ist die Realität. Und genauso wie du ein Kind an die manchmal harte Realität heranführst, solltest auch du dich immer weiter annähern. Die Wahrheit ist häufig da, wo du nicht hinsehen willst. Ein Beispiel: Vielleicht ist es deine Schuld, dass deine Beziehung nicht mehr gut läuft. Vielleicht hast du kein Geld, weil du keinen Mehrwert lieferst und nicht, weil die Kunden dumm sind. Vielleicht ist die Welt gar nicht so grausam, sondern du hast deine Probleme selbst verursacht. Sich mit der Realität zu konfrontieren, kann extrem unangenehm sein, doch nur, wenn du die Fakten kennst, kannst du Entscheidungen treffen, die dein Leben komplett verbessern.

Geh davon aus, dass du falsch liegen könntest

Die letzte Denkweise, die ich dir auf den Weg geben möchte, lautet: Geh davon aus, dass du falsch liegen könntest. Diese bezieht sich auf jegliche Art von Diskussion. Sobald wir in einen Meinungskonflikt geraten, springt unser Ego an und wir wollen um jeden Preis gewinnen. Das hilft zwar theoretisch, im jeweiligen Moment das Gesicht zu wahren, doch was ist, wenn du falsch liegst? Dann hast du dafür gesorgt, dass du noch mehr mit deiner falschen Ansicht verbündet bist. Du hast außerdem überhaupt nichts dazugelernt und entwickelst dich nicht weiter. Da kann es doch besser sein, vor anderen einzugestehen, dass du falsch lagst und deine Meinung zu korrigieren. Die meisten Menschen respektieren so ein einsichtiges Verhalten, und du hast etwas Neues dazugelernt.

8 Leidest du am Shiny Object Syndrome?

Fehlt dir häufig das notwendige Durchhaltevermögen, um in einer Sache wirklich große Erfolge zu erzielen? Hast du ständig das Gefühl, das Gras ist auf der anderen Seite grüner? Falls das so ist und du Probleme hast, fokussiert langfristige Ziele zu erreichen, kann dieses Kapitel dein Leben verändern.

Kennst du das? Du findest eine neue Leidenschaft und bist mit Begeisterung dabei. Nach relativ kurzer Zeit wird es jedoch schwer, darin besser zu werden, und du schaust dich nach anderen Sachen um. Plötzlich erscheinen dir andere Tätigkeiten viel reizvoller, du beginnst etwas Neues und das Spiel beginnt von vorn. Warum du aus diesem Teufelskreis austreten solltest, verrate ich dir jetzt. Alle herausragend erfolgreichen Menschen sind einer Tätigkeit über einen langen Zeitraum treu geblieben. All die Spitzensportler, die du kennst, Michael Jordan, Ronaldo, oder große Unternehmer wie Amazon-Gründer Jeff Bezos sind über viele Jahre genau einer Sache treu geblieben und haben sich konstant verbessert. Den meisten gelingt das nicht und das liegt daran, dass sie zwar am Anfang schnelle Fortschritte machen, es später aber schwieriger wird, sich weiterzuentwickeln. Du steckst also ab einem gewissen Punkt weiterhin Arbeit in dein Training, aber siehst nur noch geringe Fortschritte. Das klingt vielleicht abschreckend, ist aber der Preis, den die Spitzenleistung verlangt. Das Problem ist, wenn du immer eine Leidenschaft fallen lässt, sobald es schwer wird, wirst du nie wirklich große Erfolge erzielen können. Du wirst dann wahrscheinlich auch persönlich über eine gewisse Grenze nicht hinauswachsen.

Botschaft

Wenn also dein Ziel ist, in diesem Leben überaus erfolgreich zu werden, dann rate ich dir, möglichst viel auszuprobieren und wenn du deine Leidenschaft gefunden hast, dranzubleiben. Es ist ganz normal, dass du mit der Zeit nervös wirst und das Gefühl bekommst, dass der Rasen auf der anderen Seite grüner ist. Die Wahrheit ist jedoch, dass der Rasen immer da am grünsten ist, wo du ihn pflegst. Vergleich dich nicht mit den Menschen, die schon weiter sind als du. Vergleich dich mit dir vor einem Jahr. Solange du Fortschritte machst, bist du auf dem richtigen Weg. Das bedeutet nicht, dass du deinen Kurs nicht immer mal wieder an dein neues Ich anpassen darfst. Häufig macht es Menschen jedoch große Angst, sich voll und ganz einer Sache zu widmen, sie ändern ständig den Kurs und machen am Ende kaum etwas so lange, bis sie wirklich erfolgreich sind.

Fokus auf das, was sich nie ändert

Der Grund dafür liegt auch in der heutigen Zeit. Früher wurde man noch in Berufe hineingeboren und hatte kaum eine andere Wahl, als einer Tätigkeit treu zu bleiben. Heute erscheint es uns, als hätten wir unzählige Möglichkeiten, um uns selbst zu verwirklichen. Dazu kommt, dass sich Märkte rasant zu wandeln scheinen. Ständig wird eine neue Methode beworben, mit der man schnell Kunden gewinnen und reich werden kann. Das kann leicht verrückt machen und daher rate ich dir: Konzentriere dich privat und beruflich darauf, was sich niemals ändern wird. Halte dich an die Naturgesetze. Das heißt zum Beispiel: Achte auf deinen Schlaf, ernähr dich gesund und trainiere deinen Körper. Egal, welche neue App auf den Markt kommt, welche Ernährung gerade im Trend ist oder was gerade die effektivste Trainingsmethode sein soll – lass dich nicht verrückt machen, sondern sorg für eine gesunde Ernährung, ausreichend Schlaf und ausreichend Bewegung. Das gilt auch für das Business: Solange du Werte für andere Menschen schaffst und dazu noch ein guter Verkäufer bzw. Kommunikator bist, wirst du immer Geld verdienen. Amazon ist deshalb so erfolgreich, weil es ein großes Sortiment hat, kleine Preise verlangt und schnell liefert. Das sind die drei Werte, die immer gefragt sein werden, egal, in welcher Zeit wir leben. Und da sich Amazon über viele Jahre hinweg nur darauf fokussiert hat, gehört das Unternehmen heute zu den größten der Welt. Überleg also, was die wirklich essenziellen Dinge in deinem Leben sind. Fokussier dich auf diese, und wenn du eine Leidenschaft gefunden hast, dann investier über Jahre deine Energie, und du wirst mehr erreichen, als du heute glauben kannst.

9   Wie du zum Herrscher über das Chaos in deinem Leben wirst

Hast du manchmal das Gefühl, dass die Welt ein großes Chaos ist? Dass Ereignisse einfach auf dich einprasseln? Dann solltest du mehr über das Gesetz von Ordnung und Chaos im Universum erfahren und wie du es für dich nutzen kannst.

Bipolarität

Du hast wahrscheinlich schon einmal gehört, dass wir in einer Bipolarität leben. Das bedeutet, dass alles in unserer Welt einen Gegenspieler hat. Zum Beispiel Tag und Nacht, kalt und warm, hell und dunkel usw. Jetzt ist die interessante Frage, was die grundlegende Bipolarität, die unser Universum beschreibt, ist. Die Frage haben sich zum Glück schon kluge Köpfe vor mir gestellt und sie kamen auf die Antwort: Ordnung und Chaos. Das Universum, die Welt, dein Leben bestehen prinzipiell aus einem Zusammenspiel von Ordnung und Chaos.

Schlussfolgerungen

Angenommen, das ist so, dann stellt sich doch die Frage: Wie gehen wir damit um? Die grundsätzliche Funktionsweise des Universums werden wir ja kaum ändern können. Die Antwort lautet daher: Wir versuchen beides – Ordnung und Chaos – für uns zu nutzen. Diese Strategie wendest du heute schon an, auch wenn du es dir noch nicht bewusst gemacht hast. Du nutzt die Nacht, um dich zu erholen, und den Tag, um Dinge zu erledigen. Du nutzt die Kälte, um Lebensmittel haltbar zu machen, und die Hitze, um sie genießbar zu machen. Und jetzt fangen wir mal bei der Ordnung an und fragen uns, wie nutzt du diese am besten? Wie integrierst du möglichst sinnvoll Ordnung in dein Leben? Antworten könnten zum Beispiel lauten, dass du immer zur selben Uhrzeit aufstehst, dass du geregelte Arbeitszeiten hast, dass du eine Familie gründest, dass du deine Werte definierst, dass du dir Ziele setzt. So schaffst du Ordnung in deinem Leben. Das ist toll, doch jetzt stellen wir uns mal vor, du hast die perfekte Ordnung in deinem Leben geschaffen – was passiert dann? Dein Leben wird unerträglich langweilig und außerdem entwickelt sich nichts. Du brauchst daher Chaos, um in deinem Leben voranzukommen. Chaos bedeutet Abenteuer. Ziele zu setzen, ist Ordnung, aber Ziele zu erreichen, ist Chaos. Denn um sie zu erreichen, musst du Dinge tun, die du bisher nicht getan hast. Manchmal musst du sogar dein altes Leben vollkommen hinter dir lassen und ein neuer Mensch werden. Wenn du dein Leben optimal meistern willst, brauchst du also beides, und das in einem guten Verhältnis zueinander. Du brauchst ein starkes Fundament aus Menschen, die dich lieben, auf die du dich verlassen kannst, und Gewohnheiten, die dich gesund halten und Struktur liefern. Dazu brauchst du stetig das Neue und Unbekannte. Du willst dich immer an der Grenze zwischen Ordnung und Chaos aufhalten, neue Gebiete erforschen, neue Herausforderungen angehen und dich weiterentwickeln, ohne dass du vom Chaos verschluckt wirst. Wie so ein Leben im Detail aussieht, darf jeder für sich selbst herausfinden.

Warum du im Chaos lebst

Lass mich dir jetzt noch erklären, warum wir uns oft so fühlen, als ob die Welt ein reines Chaos ist, das wir nicht lenken können. Das liegt zum einen daran, dass unsere Erinnerung an Ereignisse exponentiell abnimmt. Wenn ich dich jetzt frage, was du genau heute vor einem Jahr gemacht hast, dann wirst du es höchstwahrscheinlich nicht wissen. Jetzt ist es aber so, dass deine Handlungen über die Zeit oftmals in exponentiellem Ausmaß auf dein Leben einwirken. Das bedeutet: Du hast zum Beispiel vor einem Jahr beschlossen, dass du keinen Bock mehr hast, zu meditieren. Über Monate hinweg hast du deswegen keine negativen Konsequenzen gespürt, aber heute, ein Jahr später, fühlst du dich ständig ängstlich und nervös. Da deine Erinnerung schwächer wird, aber die Konsequenzen deiner Handlungen mit der Zeit stärker, fühlt sich die Welt wie Chaos an. Dir ist nicht wirklich bewusst, dass du selbst der Auslöser für die Ereignisse in deinem Leben bist, da eine Zeitspanne dazwischen liegt. Mach dir das bei jeder Entscheidung, die du triffst, bewusst. Wenn du dich ab heute gesünder ernährst, wirst du in fünf Jahren erst so richtig dafür belohnt. Es wird dir ganz normal vorkommen, dich gesund zu fühlen, und dennoch solltest du deine positiven Gewohnheiten weiterhin pflegen und ergänzen.

10 Neid bekämpfen: So befreist du dich von Neid und Neidern

Wie kann ich Neid bekämpfen? Wie gehe ich mit meinen eigenen Neidgefühlen um? Wie gehe ich mit Neidern um? Die Antworten auf diese Fragen erfährst du in diesem Abschnitt.

Was ist Neid?

Schauen wir uns zunächst an, was Neid überhaupt ist. Stell dir vor, dass du zum Beispiel jemanden siehst, der viel größer und stärker ist als du, oder du siehst eine Frau, die viel schöner ist als du – dann kann schnell ein Gefühl von Neid in dir aufkommen.

Muss aber nicht!

Damit du Neid empfindest, muss noch etwas anderes passieren: Du gönnst der Person ihre Vorzüge nicht. Das ist der entscheidende Punkt: Jemand hat etwas, das du nicht hast, und du gönnst es ihm nicht. Dadurch entsteht in dir das Gefühl von Neid. Das ist auch der Grund, aus dem andere dich beneiden.

Die Lösung

Wie kannst du dich also von Neidgefühlen befreien? Hier muss ein Perspektivenwechsel stattfinden. Du kannst selbst entscheiden, ob du jemanden seinen Erfolg gönnst oder nicht. Ich kann dir nur dazu raten, dich genau darin zu üben, denn so vermeidest du negative Gefühle. Außerdem fällt es dir dann auch leichter, dir selbst deinen Erfolg zu gönnen, anstatt dich dafür zu schämen.

Wie du mit Neidern umgehst

Jetzt ist es sicher auch der Fall, dass du beneidet wirst und daher in irgendeiner Form attackiert wirst. Lass uns noch etwas genauer hinschauen, was hinter Neid steckt. Beneidet wird immer der Mensch, der die besseren Ergebnisse erzielt. Also jemand, der offensichtlich sportlicher ist, mehr Geld hat, einen besseren Partner hat, eine bessere Wohnung usw. Es ist ganz normal, dass es einen gewissen Schmerz in uns auslöst, wenn wir sehen, dass wir schlechtere Resultate erzielen als jemand anderes. Der Sinn hinter diesem Schmerz ist, in die Umsetzung zu kommen und zu prüfen, ob du auch bessere Resultate erzielen kannst. Das ist aber anstrengend und daher wählen Menschen häufig die bequemere Lösung und werten den erfolgreichen Menschen und seinen Erfolg ab. Sie sagen zum Beispiel: Schöne Menschen sind oberflächlich, reiche Menschen sind Betrüger, kluge Menschen sind uncool usw. Solange du bessere Resultate als andere erzielst, wirst du immer Neider haben. Deshalb solltest du Neid akzeptieren und einfach weiter nach guten Resultaten streben. Jeder Mensch hat das Recht auf seine eigene Meinung und das ist auch richtig so. Lass also den Menschen ihre Meinung, aber konzentrier dich auf deinen Erfolg und echte Resultate.

11 Selbstzweifel überwinden und endlich frei werden

Selbstzweifel können dich paralysieren. Sie können dich derart beherrschen, dass dein Leben zu einem Gefängnis wird. In diesem Abschnitt bekommst du drei Tipps, wie du deine Selbstzweifel überwindest, Ängste loslässt und dein Selbstvertrauen stärkst.

Was ist das Ziel?

Lass uns überlegen: Was willst du erreichen? Das Gegenteil von Selbstzweifel ist Selbstvertrauen. Jetzt könnte man meinen: Selbstzweifel sind schlecht und Selbstvertrauen ist gut, doch so einfach ist das nicht. Hättest du gar keine Selbstzweifel und volles Selbstvertrauen, würdest du wahrscheinlich herumlaufen wie ein Soziopath. Du müsstest also schon ein pathologisches Problem haben, um dieses Ziel zu erreichen.

Die Wahrheit ist: Selbstzweifel werden dich immer begleiten und das ist gut, denn so hinterfragst du dein Verhalten und gehst keine sinnlosen Risiken ein. Wenn deine Selbstzweifel jedoch so stark sind, dass sie dich paralysieren, ist das ein Problem und wir sollten an deinem Selbstvertrauen arbeiten.

Tipp 1: Vertrau darauf, dass du es lernen kannst

Mein erster Tipp lautet: Vertrau darauf, dass du es lernen kannst. Viele haben Selbstzweifel, weil sie dies oder jenes nicht können. Sie wollen sich zum Beispiel als Experte positionieren, aber denken sich: »Ich kann keine Vorträge halten / Ich kann kein Buch schreiben.« Vielleicht sind deine Selbstzweifel ja berechtigt und du kannst es wirklich nicht. Aber du kannst es lernen und darauf solltest du vertrauen. Du hast es doch schon unzählige Male erlebt, dass du plötzlich etwas konntest, weil du es gelernt hast. Vertrau darauf, dass du dir jede Kompetenz und jede Fähigkeit aneignen kannst, und nimm dir dabei die Zeit, die du brauchst.

Tipp 2: Bau Selbstvertrauen auf

Mein zweiter Tipp lautet: Bau Selbstvertrauen auf. Jetzt stellt sich die Frage: Wie geht das? Wenn du dir selbst nicht vertrauen kannst, dann liegt das wahrscheinlich daran, dass du nicht nach deinen Werten lebst. Vielleicht ist es dir zum Beispiel wichtig, gesund zu sein.

Du erlebst aber immer wieder, dass du wochenlang keinen Sport machst und dich ungesund ernährst. Da ist es nur logisch, dass du dir selbst nicht mehr über den Weg traust. Einem anderen Menschen würdest du auch nicht trauen, wenn du merkst, dass sein Verhalten nicht mit seinen Werten übereinstimmt. Mach dir also deine Werte bewusst, am besten schriftlich. Jedes Mal, wenn du merkst, dass du nach deinen Werten handelst, obwohl es im Moment unbequem ist, erhältst du einen Schub an Selbstvertrauen.

Tipp 3: Mach es trotzdem

Mein dritter Tipp, wenn du Selbstzweifel spürst, lautet: Mach es trotzdem. Die Wahrheit ist: Du bist nicht deine Gefühle und deine Gefühle sind nicht die Wahrheit. Das bedeutet, du kannst theoretisch einen riesigen Schiss haben und trotzdem den Vortrag halten oder dich selbstständig machen. Das Gute, wenn du trotz Angst handelst, ist: Du realisierst, dass deine Angst unbegründet ist. Je öfter du das tust, desto mehr lassen deine Selbstzweifel nach und du bekommst die Kontrolle über dein Leben.

12 Warum du deinen Hund mehr liebst als dich selbst

Laut Studien sind Menschen wesentlich gewissenhafter dabei, ihre Haustiere gesundheitlich zu versorgen als sich selbst. Fehlt es den Menschen also an Selbstliebe? Wie du deine Selbstliebe steigerst und dabei noch an Integrität und Selbstvertrauen gewinnst, erfährst du in diesem Abschnitt.

Du fragst dich jetzt sicher, wie ich darauf komme, so etwas Verrücktes zu behaupten. Der Grund ist ein ganz rationaler. Dank Studien wissen wir, dass ein Drittel von 100 Leuten, die vom Arzt Tabletten verschrieben bekommen, diese gar nicht erst beim Apotheker abholt. Ein weiteres Drittel holt sie zwar ab, aber denkt nicht wirklich daran, sie einzunehmen. Jetzt denkst du vielleicht: »Warum auch, die meisten Tabletten bringen ja eh nichts.« Aber selbst nach Organtransplantationen denken Menschen häufig nicht daran, ihre Tabletten zu nehmen. Obwohl ihr Leben davon abhängt. Und jetzt kommts: Sobald aber das eigene Haustier krank ist, neigen Menschen plötzlich dazu, sich penibel an die Vorgaben des Arztes zu halten. Die Frage ist also angebracht: Lieben Menschen ihre Haustiere mehr als sich selbst?

Lieben Menschen ihre Haustiere wirklich mehr als sich selbst?

Die kurze Antwort auf diese Frage lautet: Ja, oft ist das so. Der Grund dafür liegt im entscheidenden Unterschied zwischen Mensch und Tier. Tiere können unserer Ansicht nach nicht wirklich etwas falsch machen. Sie folgen ihren Trieben, und wenn die Katze sich fett gefressen hat, dann ist der Besitzer schuld – nicht sie. Tiere kennen nicht den Unterschied zwischen dem, was im ethischen Sinn Richtig oder Falsch ist. Sie unterscheiden auch nicht zwischen Gut und Böse und wir erwarten das auch nicht. Jetzt ist es aber so, dass wir Menschen ein inneres Wertesystem haben, das ständig entscheidet, ob das, was wir tun, gut oder schlecht ist. Und das Schlimme daran ist, dass wir uns immer wieder dabei beobachten, wie wir gegen unsere eigenen Regeln verstoßen. Wenn du zum Beispiel auf Diät bist und ein Eis isst, hast du ein schlechtes Gewissen. Auch wenn dich keiner dabei erwischt hat, du weißt, dass du falsch gehandelt hast. Und jedes Mal, wenn du dich dabei beobachtest, wie du lügst, wenn du faul bist, wenn du dich vor einer Herausforderung drückst, schwindet dein Selbstwert. Du hältst dich im schlimmsten Fall nicht mehr für einen Menschen, dem man vertrauen kann oder der liebenswert ist. Dadurch gerätst du in eine Abwärtsspirale, die dazu führen kann, dass du nicht mal mehr der Meinung bist, dass du es verdient hast, gesund zu sein – und daher deine Tabletten nicht nimmst.

Lösung des Problems

Um solch eine Abwärtsspirale zu vermeiden, sollten wir uns die Frage stellen, was die Menschen richtig machen, die über ein stark ausgeprägtes Selbstwertgefühl verfügen. Die Antwort ist: Menschen mit hohem Selbstwert verfügen über Integrität. Wer Integrität besitzt, der ist sich seiner eigenen Werte bewusst und handelt nach ihnen. Wenn er seine Meinung für richtig hält, steht er zu ihr, auch wenn es für ihn unangenehm werden sollte. Wenn du also erlebst, dass du dir vertrauen kannst, da du ehrlich zu dir und anderen bist und weil du auch wirklich das umsetzt, was du dir vornimmst, nimmt dein Selbstwert zu. Du fühlst dich wohler in deinem Körper, erreichst leichter deine Ziele und gerätst in eine Aufwärtsspirale. Wenn du also nur eine Sache aus diesem Buch mitnimmst, dann bitte, wie wichtig es ist, dass du deine eigenen Werte kennst und auch nach ihnen handelst. Wenn du dir vorgenommen hast, regelmäßig joggen zu gehen, dann zieh das durch, auch wenn es dich jedes Mal Überwindung kostet. Denn du weißt genau, dass du es tun solltest, und wenn du es dann nicht tust, zahlst du einen hohen Preis.

Sieh dich als jemanden, dem man helfen sollte

Jetzt weißt du also, wie wichtig Integrität ist. Leider ist es aber so, dass in uns Menschen auch ganz viel Haustier steckt. Das bedeutet, dass wir immer wieder mal faul sein oder uns falsch verhalten werden. Ich denke, in solchen Momenten sollten wir so mit uns umgehen wie mit unserem Hund. Klar, sind wir erst einmal böse auf ihn, aber wir tun uns leicht damit, ihm zu verzeihen. Kurbel also die Abwärtsspirale nicht noch an, indem du dich in Gedanken zu sehr verurteilst. Sondern sei geduldig und besonnen dabei, dich selbst zu erziehen.

13 Selbstliebe-Tricks, die tatsächlich funktionieren

Bei all den Problemen und Zielen, die wir im Leben haben, bleibt uns kaum noch Zeit, uns auf das zu konzentrieren, was wir bereits an uns mögen. Das ist schade, denn unsere Selbstliebe steigert unsere Gesundheit und fördert unseren Erfolg im Leben. Daher erhältst du in diesem Text hilfreiche Übungen für mehr Selbstliebe.

Viele Menschen haben Probleme damit, sich selbst zu lieben, und das ist nachvollziehbar. Wir stecken nun mal in unserer Egoperspektive fest und denken die meiste Zeit eher daran, was noch nicht mit uns stimmt. Wir sehen also das, was an uns problematisch ist, als an das, was wir bereits gut finden, da wir uns vor Gefahren schützen wollen. Wir wollen unsere Defizite möglichst ausmerzen, damit uns das Leben nichts mehr anhaben kann. Leider verzerrt das unseren Blick auf uns selbst. Wir sehen uns mehr als Baustelle, anstatt als einzigartige und wertvolle Geschöpfe. Diese Sicht trägt nicht dazu bei, dass wir im Leben erfolgreicher sind. Und widerstandsfähiger macht sie uns schon gar nicht. Im Gegenteil, jede Kritik und jedes Scheitern haut uns von den Socken, wenn wir uns nicht mit ausreichend Selbstliebe versorgen. Öffne dich für die Idee, tatsächlich etwas in deinem Denken und Verhalten zu ändern. Lies die folgenden Tipps also nicht nur, sondern setz sie auch wirklich um. So kannst du schon in kurzer Zeit deutliche Verbesserungen hinsichtlich deiner Selbstliebe spüren.

Tipp 1: Persönliches Regelwerk

Wir alle besitzen bereits ein intrinsisches Regelwerk, nach dem wir handeln, das uns aber nicht wirklich bewusst ist. Häufig handeln wir leider nach Regeln, die früher vielleicht Sinn gemacht haben, uns heute aber daran hindern, glücklich zu sein. Vielleicht bist du zum Beispiel eine Person, die es sich zur Regel gemacht hat, immer hilfsbereit zu sein. Heute musst du aber feststellen, dass du selbst dadurch viel zu kurz kommst und sogar ausgenutzt wirst. Um herauszufinden, wo deine ganze Zeit, dein Geld und deine Energie hinfließen, erstell eine Liste. Sei dabei ehrlich zu dir. Schreib auf, wo in der Gegenwart deine ganze Energie hinfließt. Schau dir dann deine Liste an und überleg, wohin deine Zeit und Energie nicht mehr fließen sollen, weil es dir schadet. Vielleicht investierst du zum Beispiel zu viel Zeit darin, von anderen gemocht zu werden. Wenn du einen negativen Punkt gefunden hast, hältst du schriftlich eine Regel fest, nach der du ab heute handelst. Eine Regel könnte lauten: Ich mache keine Überstunden mehr, wenn man mir keinen guten Grund nennt. Oder: Ich höre auf, mich ständig so kritisch im Spiegel zu betrachten. Oder: Ich gebe kein Geld mehr für Dinge aus, die ich nicht brauche. Wenn du dich wirklich an deine eigenen persönlichen Regeln hältst, steigerst du deine Integrität und du wirst dich viel mehr respektieren und lieben. Außerdem wirst du Handlungen vermeiden, die deiner Selbstliebe schaden. Kehr immer wieder zu deiner Liste zurück und ergänz sie mit Regeln, die dir gut tun.

Tipp 2: Meditation

Wenn du täglich meditierst, beweist du dir, dass du es wert bist, Aufmerksamkeit zu erhalten und dich entspannt zu fühlen. Meditation macht dich im Alltag ausgeglichener und hält dich gesund. Wenn du willst, dann greif zu einer Meditation mit Selbstliebe-Anleitung.

Tipp 3: Selbstliebe-Liste

Schreib alle Dinge auf, die du an dir magst. So zwingst du dich, dich mit deinen positiven Eigenschaften zu beschäftigen. Häng diese Liste so auf, dass du sie täglich siehst. Du könntest vielleicht extra einen Rahmen kaufen, um der Liste noch mehr Wert beizumessen. Sorg dafür, dass du die Liste täglich durchliest, und ergänz sie immer weiter.

Tipp 4: Erfolgsliste

Liste jeden Abend deine Erfolge auf. Vielleicht geht es dir manchmal so, dass du zwar viel über den Tag tust, dich aber am Abend immer so fühlst, als hättest du nichts erreicht. Das liegt daran, dass wir uns meistens darauf konzentrieren, was noch zu tun ist, anstatt darauf, was wir erreicht haben. Das kannst du zum Glück ändern, indem du jeden Abend eine Liste mit Dingen schreibst, die du erfolgreich gemeistert hast. Sei hier nicht wählerisch, sondern schreib auch kleinste Erfolge auf.

Tipp 5: Leg einen Selbstliebe-Tag fest

Tipp Nr. 5 lautet: Bestimm einen Wochentag, an dem es nur um dich geht. Widme diesen Tag wirklich nur dir und tu nur Dinge, die dir gut tun. Ich weiß, wenn man arbeitet und eine Familie hat, ist das nicht einfach. Organisier so einen Tag aber mindestens einmal im Monat. Nimm dir zum Beispiel viel Zeit zum Lesen, geh spazieren, schau dir einen Film an, mal ein Bild oder gönn dir eine Massage.

14 Deine vier schlimmsten Ängste

Hindern dich deine Ängste daran, dein Leben zu verändern? Hast du zum Beispiel Angst davor, eine falsche Entscheidung zu treffen? Es gibt vier große Ängste, die Menschen belasten und kleinhalten. Die gute Nachricht ist: Du kannst lernen, mit diesen Ängsten umzugehen und dadurch ein freier Mensch werden.

Viele Menschen werden von ihren Ängsten abgehalten, wirklich erfolgreich zu werden. Ich behaupte: Das muss nicht sein! In diesem Abschnitt erfährst du von den vier großen Ängsten, die Menschen haben, und wie du mit diesen erfolgreich umgehst.

Angst 1: »Ich ruiniere mein Leben«

Die erste große Angst, die Menschen haben, ist die, ihr Leben zu ruinieren. Sie befürchten, dass die negative Konsequenz ihrer Handlung katastrophal ausfällt. »Wenn ich das mache, verliere ich meinen Job / meine Beziehung / meine Finanzen / mein Ansehen.« Wie das mit Ängsten so ist, sind sie prinzipiell sinnvoll. Du sollst natürlich Angst davor haben, dein Leben mit einer einzigen Aktion zu ruinieren.

Doch wie oft ist diese Gefahr denn real? In 90 % der Fälle erschafft dein Gehirn eine Horrorfantasie, die mit der tatsächlichen Gefahr wenig zu tun hat. Wenn du also Angst bekommst, dein Leben zu versauen, frag dich: »Ist diese Angst realistisch?« Was kann tatsächlich passieren, wenn deine Aktion schief geht?

Angst 2: »Was werden die Leute denken?«

Die zweite große Angst der Menschen lautet: »Was werden wohl die Leute denken?« Wir alle haben Angst davor, aus der Gemeinschaft ausgeschlossen zu werden. Diese Angst war in der Evolution des Menschen extrem hilfreich. Wer zu einer Gruppe gehörte, konnte überleben. Doch heute erfüllt diese Angst oft keinen Zweck mehr, sondern hindert Menschen daran, sie selbst zu sein. Wir übertreiben häufig in unserer Erwartung, wie Menschen auf uns reagieren werden.

Die Wahrheit ist: Die anderen interessieren sich weniger für dich, als du denkst. Du kannst es dir leisten, anders zu sein, und das musst du auch. Denn wenn du in deinem Leben große Ziele verfolgst, tanzt du aus der Reihe. Du kannst dir nicht aussuchen, was andere Menschen denken. Erlaub ihnen daher einfach, alles über dich zu denken, was sie wollen. Räum aber auch dir das Recht ein, dich davon unabhängig zu machen, was andere denken, und zu tun, was du willst.

Angst 3: »Das werde ich bereuen«

Die dritte große Angst der Menschen lautet: »Das werde ich für immer bereuen.« Reue ist ein schmerzhaftes Gefühl, das eintritt, wenn uns bewusst wird, eine Fehlentscheidung getroffen zu haben. Dieser Schmerz ist gut, denn er treibt uns an, unseren Fehler wiedergutzumachen.

Das Problem ist: Jede Entscheidung, die du triffst, könntest du später bereuen. Deine Angst vor Reue darf nicht dazu führen, dass du dich weigerst, Entscheidungen zu treffen. Es ist in den meisten Fällen besser, eine Entscheidung zu treffen, als sich davor zu drücken. Manche Menschen wollen zum Beispiel aus ihrem Job ausbrechen, aber haben Angst davor, dass der neue Job nicht der richtige ist. Sie treffen keine Entscheidung und bleiben im Hamsterrad stecken. Selbst wenn der neue Job scheiße gewesen wäre, wäre es doch ein Schritt nach vorne gewesen!

Angst 4: »Angst vor Verantwortung«

Die vierte große Angst, die Menschen haben, ist extrem heimtückisch. Ich spreche hier von der Angst vor Verantwortung. Die meisten Menschen meiden Verantwortung, da Fehlentscheidungen in hohen Positionen größere Auswirkungen haben. Außerdem bringt Verantwortung eine gewisse Belastung mit sich. Das Problem ist jedoch: Verantwortung ist der Schlüssel Nr. 1 zur Persönlichkeitsentwicklung. Je mehr Verantwortung du trägst, desto mehr Macht hast du. Vielleicht fühlt es sich am Anfang unangenehm an, Verantwortung für das eigene Leben, für die Familie oder Kunden zu übernehmen. Doch wenn du Verantwortung übernimmst, wird Potenzial in dir freigesetzt und du wächst in deine neue Rolle hinein. Verantwortung macht aus dir einen stärkeren Menschen.

15 Antriebslosigkeit sofort überwinden! Drei Power-Tipps

Fühlst du dich häufig müde und antriebslos? Du weißt genau, was zu tun ist, aber du kannst dich nicht aufraffen? In diesem Abschnitt gebe ich dir drei Power-Tipps, dank derer du deine Antriebslosigkeit sofort überwinden kannst.

Tipp 1: Körperliche Gründe checken

Mein erster Tipp lautet: Check durch, ob deine Antriebslosigkeit vielleicht körperliche Ursachen hat. Das macht dann Sinn, wenn deine Antriebslosigkeit dauerhaft anhält, chronisch ist. Dir bringen noch so viele gut gemeinte Motivationstipps nichts, wenn dein Körper einfach nicht anders kann. Klär das also ab, dann hast du Klarheit.

Tipp 2: Hör auf, dich zu demotivieren

Mein zweiter Tipp lautet: Hör auf, dich zu demotivieren. Das hört sich vielleicht gemein an, aber analysier einmal, wo deine Energie hingeht. Vielleicht machst du ja eine Arbeit, auf die du gar keinen Bock hast. Oder du bist mit Menschen zusammen, die dich runterziehen. Vielleicht ist es auch so, dass du dir ständig wegen etwas Sorgen machst oder ein schlechtes Gewissen hast. Geh in dich und sei ehrlich zu dir. Vielleicht solltest du manche Dinge einfach sein lassen, anstatt dich dazu aufzuraffen, mehr zu leisten. Ich hatte zum Beispiel einmal eine Kundin, die immer weiter Gewicht zunahm und sich nicht zum Sport aufraffen konnte. Wir fanden heraus, dass sie einen Job machte, der überhaupt nicht zu ihrer Persönlichkeit passte und ihr jede Energie raubte. Wenn das so ist, dann bringt es auch nichts, sich zusätzlich noch zum Sport zu zwingen.

Tipp 3: Mach nur einen winzigen Schritt

Tipp 3 lautet: Mach nur einen winzigen Schritt. Kleine Handlungen können sehr große Auswirkungen haben. Du musst zum Beispiel nicht direkt mit dem Joggen beginnen. Vielleicht willst du erst einmal einen täglichen Spaziergang machen. Zerkleinere dein Ziel in so viele kleine Schritte, wie es notwendig ist. Wenn du in einer totalen Krise steckst, dann steh zumindest morgens auf. Es gibt immer einen Schritt, der klein genug ist, dass du ihn gehen kannst. Wenn du ihn gegangen bist, wird er zu deinem neuen Standard und du kannst den nächsten gehen. Du kommst in Bewegung und die Motivation kommt zu dir zurück.

16 Überforderung im Alltag sofort stoppen

Was tun gegen Überforderung im Alltag? Egal, ob durch Arbeit, Studium, Schule – Überforderung über einen langen Zeitraum kann krank machen und daher muss eine Lösung her. In diesem Abschnitt erhältst du extrem wirksame Tipps, um Überforderung sofort zu stoppen.

Überforderung ist nicht immer schlecht

Vorab will ich dir sagen, dass Überforderung nicht immer schlecht ist. Über einen kurzen Zeitraum kannst du auch gerne mal über deine Grenzen gehen, um zu merken, da geht ja noch viel mehr.

Du kennst das vielleicht aus dem Fitnessstudio. Wenn du deinen Muskel nicht »überforderst«, löst du keinen Anreiz zum Wachstum aus – es entsteht also kein Fortschritt. Gezielte bzw. kurzfristige Überforderung kann also sogar hilfreich sein.

Was aber schadet, ist die konstante Überforderung im Alltag.

Was du bei chronischer Überforderung grundlegend ändern solltest ...

Bevor wir zu den Soforthilfen kommen, hier noch eine wichtige Anmerkung. Wenn du dich ständig überfordert fühlst, solltest du nachprüfen, was genau dich so belastet in deinem Leben. Vielleicht machst du ja ständig Dinge, die gar nicht in dein Wertesystem passen.

Etwas zu tun, was man nicht für richtig hält, ist sehr anstrengend. Vielleicht tust du ständig Dinge für andere, weil es dir schwerfällt, »Nein« zu sagen. Vielleicht übst du einen Job aus, den du für sinnlos hältst. Vielleicht lebst du in Beziehungen, die dir schaden. Wenn du zum Beispiel einen Job machst, der gar nicht zu dir passt, können dich wenige Stunden täglich komplett auslaugen.

Auf der anderen Seite: Wenn du das liebst, was du tust, kannst du von morgens bis abends arbeiten und fällst glücklich und erschöpft in dein Bett. Es findet keine Überforderung statt. Denk also bitte darüber nach, womit du deinen Alltag füllst. Welche Tätigkeiten lösen die schlechten Gefühle in dir aus?

Wenn du etwas gefunden hast, dann änder es! Du kannst dein Leben selbst gestalten. Ich weiß, dass das stimmt, weil ich es schon oft erlebt habe. Bei mir und bei denen, die zu mir kommen.

Soforthilfe 1 gegen Überforderung: Tief durchatmen

Ich weiß, es klingt banal. Aber es wäre schon fast fahrlässig, diesen Tipp hier nicht zu erwähnen. Er lautet: Tief durchatmen. Tief durchzuatmen funktioniert, und das weißt du auch, da du es bereits erlebt hast. Am besten, du atmest jetzt sofort so richtig durch, um dir das noch mal bewusst zu machen (ja, wirklich JETZT).

Wenn du in einer Stresssituation bist, dann will dein Körper nicht tief ein- und ausatmen und daher machst du das in der Regel auch nicht. Es würde aber in jedem Fall helfen, um dich runterzukühlen und das negative Gedankenkarussell zu stoppen. Darum erwähne ich das. Präg dir diesen Tipp gut ein und wende ihn an, sobald du dich überfordert und gestresst fühlst.

Atme tief in deinen Bauch ein. Lass die Luft kurz drin und atme dann wieder aus. Mindestens dreimal. Egal, wie viel du zu tun hast: Dafür findest du immer Zeit!

Soforthilfe 2 gegen Überforderung: Hinlegen und an die Decke schauen

Mein zweiter Tipp lautet: Hau dich aufs Bett und glotz an die Decke. Deine Zimmerdecke ist genau die Stelle, die du jetzt betrachten solltest, wenn du überfordert bist, denn sie ist einfach nur weiß. Tu einfach nix und schau nur an die Decke. Das wirkt sofort entspannend – probiere es aus!

Soforthilfe 3 gegen Überforderung: »Nein« sagen

Mein letzter Tipp lautet: Sag einfach mal Nein, wenn dich jemand um etwas bittet. Wenn du überfordert bist, ist das ein Anzeichen, dass du jetzt nur noch das Wichtigste machen solltest. Das bedeutet: Nimm jetzt keine neuen Aufgaben mehr an, nur weil dich jemand darum bittet. Unterscheide ganz klar zwischen dem, was erledigt werden muss, und dem, was verschoben werden kann. Nimm dabei in Kauf, deinen Mitmenschen vor den Kopf zu stoßen. Niemand hat etwas davon, wenn du überfordert bist.

Wir Menschen sind von Natur aus Egoisten, und so böse das klingt, macht es doch Sinn. Erst wenn du versorgt bist, kannst du wirklich effizient Hilfe leisten. Wie willst du jemanden vor dem Ertrinken retten, wenn du nicht gelernt hast, zu schwimmen? Wie willst du Geld spenden, wenn du noch keins verdient hast? Denk also ruhig zuerst an dich selbst, und wenn du dann die Kapazität hast, hilf anderen.

17 Sofort Überforderung und Verwirrung besiegen

Überforderung findet überall statt: bei Eltern, Müttern, im Job, Studium oder Alltag. Durch Stress und Erschöpfung sehen wir häufig nicht, wie wir unsere Probleme effizienter lösen könnten. Doch genau dafür gibt es eine leichte und hochwirksame Technik.

Checkliste

Wenn du dich überfordert fühlst, solltest du eine Checkliste griffbereit oder in deinem Kopf haben, die du durchgehen kannst. Es kann sein, dass deine Überforderung gar nicht von deiner Aufgabe stammt, sondern von etwas Grundlegendem. Du kommst aber nicht darauf, da du in einem schlechten emotionalen Zustand bist.

Auf deiner Checkliste sollte stehen:

Habe ich heute genug gegessen und getrunken? Falls das nicht so ist, dann hol das sofort nach, denn du kannst einfach nicht effektiv sein, wenn es dir an essenziellen Ressourcen fehlt.

Hatte ich letzte Nacht genug Schlaf? Zu wenig Schlaf bringt deine Biochemie völlig durcheinander und ein klarer Kopf wird fast unmöglich. Leg dich zehn Minuten mit offenen Augen hin und denk möglichst an nichts, sondern entspann dich.

Außerdem auf der Checkliste: Hatte ich zu viel Kaffee? Kaffee kann dich definitiv nervös und sogar ängstlich machen, also frag dich, ob du gerade zu viel davon trinkst.

Problemlösungsfragen

Wenn du diese Checkliste durchhast, stellst du dir die richtigen Fragen, um dein aktuelles Problem effizient zu lösen. Tu das auf jeden Fall schriftlich, damit du überprüfen kannst, ob deine Gedanken sinnvoll sind und du deinen Denkprozess besser steuern kannst.

Schreib also die Frage auf: Was genau ist mein Ziel? Beantworte diese Frage schriftlich. Danach kommt die Frage: Was hindert mich gerade daran, mein Ziel zu erreichen?

Nächste Frage: Was sind die effektivsten Handlungen, um an mein Ziel zu kommen?

Dann stell dir die Frage: Was ist der einfachste Weg, um an mein Ziel zu kommen? Wir Menschen sind derart darauf konditioniert, dass wir nur dann etwas leisten, wenn es anstrengend ist, und dass wir manchmal unbewusst Aufgaben komplizierter machen. Schreib deshalb den einfachsten Lösungsweg auf. Vielleicht willst du ja lieber jemanden dafür bezahlen, dein Problem zu lösen – das wäre einfach.

Eine weitere mächtige Frage ist: Wie würde ich das Problem lösen, wenn mir jemand eine Pistole an den Kopf hält und abdrückt, falls ich es nicht löse? Dank dieser Frage könntest du bemerken, dass du dein Problem schnell lösen könntest, aber nicht das Notwendige tun willst und daher lauter Nebenbaustellen geschaffen hast. Sobald du deine Antworten aufgeschrieben hast, steht deine Lösung faktisch vor dir auf Papier. Du musst jetzt nur noch das umsetzen, was umgesetzt werden muss. Du hast Klarheit, bist nicht mehr verwirrt und auch das Gefühl der Überforderung verschwindet.

18 Warum Leben Leiden bedeutet und wie du dennoch glücklich wirst

»Leben heißt leiden«, heißt es im Buddhismus. In diesem Abschnitt erfährst du, was an dieser Weisheit dran ist und wie du deine Resilienz stärken kannst.

Stimmt das überhaupt?

Vielleicht denkst du jetzt: »Leben heißt leiden, das klingt doch sehr pessimistisch.« Und da hast du recht, diese Aussage hat schon etwas Grausames. Doch wenn du überlegst, wie anstrengend und unangenehm es für einen Menschen ist, allein geboren zu werden, kann man schon sagen, dass keiner von uns um eine gewisse Portion Leid herumkommt. Und wahrscheinlich hast auch du bereits Phasen in deinem Leben gehabt, die für dich persönlich die leidvollsten waren, denn genau das erlebt jeder Mensch. Dass du leiden wirst, ist also sicher, doch jetzt kommt das Beängstigende:

Dass du im Leben glücklich wirst, ist nicht sicher. Um glücklich zu werden, musst du etwas tun. Darum will ich dir jetzt ein paar Denkweisen und Methoden an die Hand geben, mit denen dir das möglich ist.

Leiden bedeutet Erwachen

Buddha sagte nicht nur: »Leben heißt leiden«, er sagte auch: »Jedes Leben hat sein Maß an Leid und manchmal bewirkt dieses unser Erwachen.« Und falls du nicht verstehst, was Leiden mit Erwachen zu tun hat, dann hau dir jetzt mal mit der flachen Hand ins Gesicht. Wenn du meiner Anweisung gefolgt bist, fühlst du dich jetzt wahrscheinlich viel wacher. Schmerz ist im Vergleich zu Glücksgefühlen ein sehr eindeutiges Signal. Jeder, der Schmerz verspürt, versteht sofort, dass hier etwas schiefläuft. Wenn du also an einem Tiefpunkt in deinem Leben angekommen bist, hast du eine wichtige Erkenntnis gewonnen. Du weißt jetzt, wie scheiße das Leben sein kann und dass du gefälligst alles tun solltest, um diesen Zustand zu verhindern. Leiden birgt also auch Vorteile, du erkennst, was du nicht in deinem Leben haben willst. Überleg dir also: »Welches Leid plagt mich gerade?« Und überprüf dann, ob du nicht etwas tun kannst, um dieses Leid einzudämmen oder sogar zu beseitigen.

Leid geschickt wählen

Auch wenn du Leid als Ganzes nicht komplett vermeiden kannst, hast du immer die Wahl, welches Leid du wählst. Diese Lektion hast du bereits zumindest unterbewusst begriffen. Du putzt dir zum Beispiel jeden Tag die Zähne, obwohl es dich täglich Zeit und Energie kostet und überhaupt keinen Spaß macht. Du hast dich dennoch dafür entschieden, weil sich dieses Leid lohnt. Die Alternative wäre ein viel schlimmeres Leid, denn keiner hätte mehr Lust, in deiner Nähe zu sein. Je geschickter du dein Leid wählst, desto besser läuft es für dich ganz grundsätzlich im Leben und umso mehr Raum hast du, um glücklich zu sein. Wenn du zum Beispiel beschließt, Sport zu machen und auf Fast Food zu verzichten, wirst du gesünder sein. Wenn du Struktur in deinen Alltag schaffst, wirst du dich psychisch besser fühlen. Wenn du einen Mehrwert für andere schaffst, wirst du ausreichend Geld verdienen. Versuch also, Leid nicht grundsätzlich aus dem Weg zu gehen, sondern überleg, welche Art von Leid bzw. Anstrengung sich lohnt.

Glaube

Doch auch wenn du dich vorbildlich verhältst, für deine Gesundheit und deine Zukunft sorgst, kann es passieren, dass dich Schicksalsschläge einholen. In diesen Fällen hilft dir dein Glaube. Damit meine ich nicht, dass du religiös werden musst, um glücklich zu sein. Doch du bist in der Lage, dir auszusuchen, woran du glaubst, und das solltest du für dich nutzen. Wenn Zeiten einmal hart sind, dann glaub fest daran, dass die Zukunft besser wird. Es gibt hier meistens keinen guten Grund, realistisch zu sein. Je mehr du davon überzeugt bist, dass deine Zukunft besser wird, desto wahrscheinlicher trifft genau dies ein.

19 Was wirklich wichtig ist im Leben

In diesem Abschnitt erfährst du meine größte Erkenntnis aus 2018. Ich hoffe, dass du dich dadurch inspirieren lassen kannst.

Rückblick

2018 war alles andere als bequem. Wir hatten bereits eineinhalb Jahre zusammen mit Ärzten um das Leben unseres Sohnes gekämpft. Er litt an einer seltenen Autoimmunerkrankung, wovon alle Organe betroffen und einzelne Funktionen – wie sein Augenlicht – bereits vollständig verloren waren. Unsere Lebensplanung änderte sich schlagartig. Wir führten nun mit einem Pflegefall ein anderes »normales« Leben. Dieser Vorfall zwang mich u. a. auch dazu, im Beruf kürzerzutreten. Mir wurde bewusst, wie wichtig es mir ist, neben meinen Challenges ausreichend Zeit für meine Familie zu haben. Und jetzt, da ich musste, merkte ich: Wenn du musst, dann kannst du!

Obwohl ich selbstständig bin, schaffte ich es, hauptsächlich für meine Familie da zu sein. Damit du etwas aus meiner Erfahrung für dich mitnehmen kannst, will ich dir nun zwei Schritte an die Hand geben, mit denen du deine Lebenszeit nur noch darauf verwendest, was dir wirklich wichtig ist im Leben.

Schritt 1 für wirklich wichtige Dinge im Leben

Schritt 1 lautet: Werde dir darüber bewusst, was genau dich im Leben motiviert und antreibt. Durch meine langjährige Tätigkeit als Coach habe ich gelernt, dass es unter Menschen verschiedene Motivationstypen gibt. Manche sehnen sich nach Anerkennung, andere mögen den Wettkampf, wieder andere streben nach guten Beziehungen. Um wirklich genau herauszufinden, was dich im Leben antreibt, gibt es verschiedene Methoden.

Die eine ist die der Selbstreflexion. Hierbei analysierst du, woran du Spaß hast, welche Tätigkeiten dir leicht fallen und wann du so richtig zufrieden bist. Die Schwierigkeit ist hier, die Tätigkeiten zu erkennen, die du nur machst, weil du glaubst, sie tun zu müssen. Häufig sind wir extern motiviert und merken es gar nicht. Eine Vertrauensperson kann eine große Hilfe sein, um den eigenen Motivationstyp herauszufinden. Im Gespräch und mit den richtigen Fragen fällt es dir leichter, dich selbst zu verstehen. Ich bin zudem ein Freund von einer weiteren Methode: wissenschaftliche Tests. Du füllst hierbei einen Fragebogen aus und bekommst automatisch eine anonyme Einschätzung deines Motivationstyps.

Schritt 2 für wirklich wichtige Dinge im Leben

Schritt 2 ist die richtige Auswahl deiner Arbeit und das richtige Zeitmanagement. Eine Sache ist klar: Wenn du eine Tätigkeit wählst, die dir zwar Geld bringt, aber keinen Spaß macht, bringt dir das beste Zeitmanagement nichts. Überleg dir genau, was du gut kannst, gerne tust und wem du gerne wie helfen würdest. Dein Beruf sollte möglichst Berufung sein und dem entsprechen, was du persönlich in dieser Gesellschaft leisten möchtest. Wenn du bereits den Beruf gefunden hast, der für dich der richtige ist, hast du zwei Möglichkeiten, um dir viel Zeit für andere Dinge wie Beziehungen oder Hobbys zu verschaffen. Entweder wirst du finanziell frei, das bedeutet, du arbeitest einige Jahre extrem viel und legst den vollen Fokus auf deine Karriere. Mit den richtigen Strategien kannst du dann zu so viel Geld kommen, dass du theoretisch nie wieder arbeiten musst.

Der andere Weg ist der, deine Arbeitszeit von Beginn an klein zu halten. Hierbei ist es notwendig, sehr bewusst zu arbeiten und genau zu wissen, was du tun musst, um deine Ziele zu erreichen. Häufig füllen wir unseren Arbeitstag, indem wir möglichst viel erledigen, aber die wichtigsten Dinge ausklammern. Tu das Gegenteil: Erledige immer die wichtigsten Dinge und versuch, alle kleinen Aufgaben möglichst abzugeben.

20 Meditation: Wie du dich dazu motivierst

Fällt es dir schwer, regelmäßig zu meditieren? Das ist schade, denn Meditation bringt enorme gesundheitliche Vorteile. Sie macht dich grundlegend entspannter und steigert deine Produktivität. In diesem Abschnitt erhältst du drei effektive Tipps, mit denen du dich trotz »null Bock« zum Meditieren motivieren kannst.

Tipp 1: Hör ein Lied

Tipp 1 lautet: Meditier gar nicht auf die konventionelle Weise, sondern hör dir einfach nur ein Lied an. Beim konventionellen Meditieren achtest du auf nichts anderes als deinen Atem. Das ist ganz schön mager und deshalb hat dein Gehirn auch solche Schwierigkeiten damit. Um die positiven Effekte des Meditierens zu genießen, musst du nicht so vorgehen. Es reicht, wenn du dich einmal am Tag hinsetzt und dir ein Lied anhörst, das dir gefällt. Schließ dabei die Augen und hör dir das ganze Lied mit deiner vollen Hingabe an. Versuch, wirklich alles herauszuhören und dabei an nichts anderes zu denken. Sobald du regelmäßig in einem solch achtsamen Zustand bist, wirst du grundlegender gelassener und kannst dich besser konzentrieren.

Tipp 2: Meditationskurs

Tipp 2 lautet: Melde dich zu einem Meditationskurs an. Durch meine langjährige Erfahrung als Fitness-Coach weiß ich: Grund Nr. 1, warum mich meine Kunden buchen, ist: Ohne Coach gehen sie einfach nicht trainieren. Sie bezahlen also jemanden, der sie anleitet, und verpflichten sich dadurch, es auch zu tun. Genau das kannst du mit Meditation tun. Melde dich zu einem Kurs in deiner Nähe an. Rein technisch gesehen musst du kein Geld bezahlen, um zu meditieren. Aber wenn es dazu führt, dass du es regelmäßig tust, lohnt sich die Investition locker.

Tipp 3: Durchatmen

Tipp 3 lautet: Atme siebenmal tief durch. So funktioniert Meditation nach dem Paretoprinzip. Du hast einen sehr geringen Aufwand und erhältst einen großen Benefit. Du musst dafür keine regelmäßigen Zeiten festlegen. Immer, wenn du merkst, dass du in einen Stresszustand gerätst, halte inne und atme siebenmal tief durch. Mach dabei deinen Kopf frei und achte nur auf deinen Atem. Versuch, dich dabei bewusst zu entspannen. Am besten, du testest diese Methode direkt nach diesem Abschnitt. Du wirst merken, wie du dich sofort entspannter fühlst.

21 Warum du täglich ein Lamm opfern solltest

Wenn du eine langfristige Motivation und große Ziele erreichen willst, solltest du das uralte Prinzip der Opferbringung für dich nutzen.

Die Affenfalle

Man sagt, der Mensch ist als Spezies deshalb so erfolgreich geworden, weil er irgendwann gelernt hat, Opfer zu bringen. Zum Vergleich: Ein Affe tut sich damit sehr schwer. Wenn man einen Affen fangen will, gibt es einen alten und bewährten Trick. Man nimmt ein Gefäß mit einem schmalen Hals, zum Beispiel eine Vase. In dieses Gefäß legt man etwas, das dem Affen sehr gut schmeckt, zum Beispiel Zucker. Dann wartet man, bis ein Affe kommt und den Zucker entdeckt. Steckt er seine Hand in das Gefäß und greift nach dem Leckerli, ballt er eine Faust und kann seine Hand nicht mehr herausziehen, ohne den Zucker loszulassen. Wer den Affen fangen will, kann jetzt einfach zu ihm gehen und ihn schnappen. Der Affe sieht es nicht ein, den Zucker loszulassen. Er hat nicht verstanden, dass er im Jetzt etwas opfern muss, damit seine Zukunft angenehm wird. Der Mensch hat das jedoch irgendwann verstanden, wenn auch zu Beginn auf primitive Art. Wir haben irgendwann gemerkt, dass so etwas wie ein universelles Gesetz existiert. Daher haben wir begonnen, wertvolle Dinge – wie Tiere – zu opfern, anstatt sie zu konsumieren. Wir machten daraus ein Ritual und trainierten uns die Fähigkeit an, unsere natürlichen Triebe zu kontrollieren. Das ist gar nicht so leicht, denn in uns steckt auch viel Affe, und wir tun uns noch heute schwer damit, nur die halbe Packung Chips zu essen und den Rest für später aufzuheben.

Marshmallow-Test

Wie gut wir darin sind, in der Gegenwart auf etwas zu verzichten, ist ein entscheidender Faktor für Erfolg und Lebensqualität. Das hat zum Beispiel die berühmte Marshmallow-Studie belegt. In dieser unterzog man eine große Gruppe von Kindern einem Test. Die Kinder bekamen einen Marshmallow und wurden vor die Wahl gestellt, diesen sofort zu essen oder zu warten und dafür einen zweiten zu bekommen. Manche Kinder aßen ihn sofort und andere warteten, bis sie einen zweiten erhielten. 13 Jahre später begutachtete man, was aus den Kindern geworden war. Die Ergebnisse waren erstaunlich. Die Kinder, die geduldig waren, waren bessere Schüler, sozial kompetenter, resilienter und seltener drogenabhängig. Wer also geduldig ist und auf eine kurzfristige Belohnung verzichten kann, ist erfolgreicher im Leben. Das werden dir erfolgreiche Unternehmer bestätigen. Wer in der Wirtschaft zu den großen Gewinnern zählen will, muss in der Regel lange darauf verzichten, sich große Gehälter oder Urlaube zu gönnen, und langfristige Ziele verfolgen. Er muss also in der Gegenwart etwas opfern, um seine Zukunft zu seinen Gunsten zu formen. Das Prinzip der Opferbringung gehört also zu den wenigen Erfolgsrezepten, auf die man sich wirklich verlassen kann.

Benefit

Welche konkreten Vorteile kannst du aus dieser Erkenntnis ziehen? Gibt es etwas, das du opfern könntest, das dich in der Zukunft erfolgreicher macht? Vielleicht ist es deine Bequemlichkeit, dein Komfort oder dein Genuss. Dabei geht es gar nicht darum, möglichst viel zu opfern, sondern möglichst effektiv. Du könntest zum Beispiel täglich 20 Minuten deiner Freizeit opfern, um zu meditieren. Wenn du das einen Monat lang durchziehst, bist du danach vielleicht geistig so klar und fokussiert, dass du täglich eine Stunde weniger benötigst, um deine Arbeit zu erledigen. Du hättest also mehr Freizeit gewonnen.

22 Weißt du wirklich, was du willst?

Viele Menschen arbeiten sehr hart, aber wissen nicht wirklich, wofür. Das Resultat ist häufig enormer Stress und ernste Erkrankungen. Wenn du weißt, was du wirklich willst im Leben, fällt es dir plötzlich leicht, deine Ziele zu erreichen. Jetzt erfährst du, wie du erkennst, was dir wirklich wichtig ist.

Seit deiner Geburt befindest du dich in gewissen Strukturen, nach denen du dein Leben gestaltest. Als Kleinkind hast du dich danach gerichtet, was deine Eltern dir vorgeschrieben haben. Du bist in den Kindergarten gekommen, in die Grundschule, hast vielleicht eine Ausbildung gemacht oder studiert. Dabei blieb dir wahrscheinlich wenig Zeit, um darüber nachzudenken, wie du in Wahrheit leben möchtest. Heute ist es nicht anders. Du konzentrierst dich auf deinen Erfolg, arbeitest viel und deine Rechnungen sind mit deinem Einkommen gewachsen. Du befindest dich nach wie vor in einem Hamsterrad, in dem kein Platz ist für die Frage: Wer bin ich und wie will ich wirklich leben? Wenn du dir jedoch diese Frage nie beantwortest, wie viel Sinn macht dein Leben dann? Und wenn du jetzt sagst: »Nicht viel«, stellt sich die Frage: Wie glücklich bist du mit einem Leben, das keinen Sinn macht?

Menschen wollen glücklich sein

Wenn man Menschen fragt, wonach sie im Leben streben, hört man meistens: »Glück.« Wenn man Menschen fragt, warum sie versucht haben, sich umzubringen, hört man meistens: »Mein Leben machte keinen Sinn.« Sinn und Glück sind die zwei wichtigsten Komponenten für ein erfülltes Leben. Den Sinn im Leben findest du, indem du das tust, was du wirklich von Herzen für richtig und wichtig hältst. Glück ist ein Nebenprodukt eines sinnvollen Lebens. Sobald du also weißt, was du von Herzen in diesem Leben erreichen möchtest, was du WIRKLICH für erstrebenswert hältst, machst du den ersten Schritt in ein glückliches Leben.

Nimm dir Zeit für dich selbst

Mein Tipp, wie du dich und deine Wünsche besser kennenlernst, lautet: Nimm dir mehr Zeit für dich. Wenn du selbstständig oder Unternehmer bist, dann stellst du dir doch die Frage: Welche Bedürfnisse haben meine Kunden? Denn erst wenn du die Bedürfnisse deiner Kunden kennst, kannst du ein attraktives Angebot gestalten und erfolgreich sein.

Also nimmst du dir die Zeit, deine Kunden kennenzulernen. Aber warum nimmst du dir nicht die notwendige Zeit, um deine eigenen Bedürfnisse kennenzulernen? Nur wenn du diese kennst, kannst du dir selbst einen guten Service liefern. Mein konkreter Tipp lautet: Such dir einen ruhigen Ort und schreib auf ein Blatt Papier, wie genau dein Leben aussehen muss, damit es dich glücklich macht. Nimm dir dafür ausreichend Zeit und das mindestens einmal im Jahr. Zudem solltest du dir die Zeit nehmen, um neue Dinge auszuprobieren. Du lernst dich und die Möglichkeiten, die dir das Leben bietet, erst richtig kennen, wenn du deine Komfortzone verlässt. Du musst nicht gleich um die ganze Welt reisen, aber besuch neue Orte, so kommst du auf neue Ideen.

Übernimm Verantwortung

Wahrscheinlich gibst du mir recht, wenn ich sage: So viel Zeit kostet es gar nicht, herauszufinden, was du wirklich willst. Die Frage lautet also: Warum beschäftigen wir uns so ungerne mit uns selbst? Die meisten Menschen lassen sich von ihrem Job diktieren, was sie an fünf Tagen der Woche zu tun haben. In ihrer Freizeit lenken sie sich dann am liebsten ab. Sie schauen Serien, spielen mit ihrem Smartphone oder betrinken sich. Sie beschäftigen sich ungern mit sich selbst, da sie sich sonst einer gewissen Verantwortung stellen müssten. Wenn du weißt, wie dein Traumleben aussieht, bist du gezwungen, auch entsprechend zu handeln. Wenn du gesund sein und dich in deinem Körper wohlfühlen willst, wie kannst du dann rauchen? Verantwortung erzeugt Druck und diesen mögen die meisten Menschen nicht. Sie leben lieber verantwortungslos und geben dann ihrem Chef, der Gesellschaft oder der Politik die Schuld, dass sie nicht glücklich sind. Vermeide diesen Fehler. Übernimm Stück für Stück mehr Verantwortung in deinem Leben. Sobald du die Verantwortung für deine Gesundheit, deine Beziehungen, dein Geld übernimmst, hast du die Macht. Den Druck, der durch Verantwortung entsteht, kannst du dafür nutzen, in Bewegung zu kommen und dein volles Potenzial zu entfalten. Werde dir also bewusst, was du wirklich im Leben willst, und dann übernimm die Verantwortung dafür, dass du es auch erreichst.

TEIL 2: Kekse für deine Persönlichkeitsentwicklung

Wo stehst du gerade und wo willst du hin? Der Weg zum Erfolg geht Hand in Hand mit einer kontinuierlichen Weiterentwicklung der eigenen Person. Nur wenn du dich selbst kennenlernst, deine eigenen Grenzen austestest und dich aus deiner eigenen Komfortzone herausbewegst, kannst du auch über dich selbst hinauswachsen.

1 Die drei häufigsten Fehler in der Persönlichkeitsentwicklung

Wenn du dich mit Persönlichkeitsentwicklung beschäftigst, kannst du enorme Fortschritte hinsichtlich deiner Lebensqualität erzielen. Wichtig ist jedoch, dass du dabei gewisse Fehler vermeidest.

Fehler 1: Zu viel auf einmal

Wir starten direkt mit Fehler Nr. 1: zu viel auf einmal. Menschen neigen häufig dazu, ihr ganzes Leben auf einmal ändern zu wollen. Das passiert vor allem dann, wenn sie so richtig die Schnauze voll haben von ihren Lebensumständen und es gar nicht mehr aushalten. Leider funktioniert das in der Regel nicht. Wenn du zum Beispiel mehr Disziplin haben willst, wirst du scheitern, wenn du ab morgen plötzlich mit Sport beginnst, meditierst, früher aufstehst und deine Ernährung umstellst. Jedes Einzelne für sich genommen ist sinnvoll, doch alles auf einmal in dein Leben zu integrieren, überfordert dich. Dein neues Leben fühlt sich so ungewohnt und unangenehm an, dass du es nicht aushältst. Besser ist, langsam Disziplin aufzubauen und eine neue Gewohnheit nach der anderen in dein Leben zu integrieren.

Fehler 2: Zu viele Mindset-Themen

Versteh mich nicht falsch, ein gutes Mindset ist sehr wichtig, doch viele bleiben hier stecken. Sie schauen sich immer mehr Mindset-Videos an und lesen kluge Bücher, aber sie setzen nichts um. Mal ganz hart gesagt: Die Welt interessiert sich nicht für dein Mindset, sondern für deine Ergebnisse. Stell dir einen Verkäufer vor, der alle Bücher zum Thema Verkauf gelesen hat, aber keinen einzigen potenziellen Kunden anruft. Was bringt ihm da sein Wissen? Ein kompletter Anfänger wäre erfolgreicher als er. Theoretisch kannst du total dumm sein. Wenn du einfach immer das tust, was getan werden muss, bist du erfolgreich. Vermeide also, dich zu sehr mit der Theorie aufzuhalten, geh Dinge an, setz Projekte um und lern aus deinen Fehlern.

Fehler 3: Zu viele Coaches

Jeder Coach hat seine eigene Sicht auf das Leben und lehrt andere Dinge. Es ist sehr verwirrend, zu viele Meinungen zu einem Thema zu kennen. Im schlimmsten Fall wird man so misstrauisch, dass man lieber komplett die Finger davon lässt. Vielleicht kennst du das aus den Bereichen Sport und Ernährung. Jeder sagt etwas anderes darüber, was gesund ist und wie man am schnellsten Muskeln aufbaut. Genauso ist es auch beim Thema Persönlichkeitsentwicklung. Deshalb rate ich dir: Such dir einen Coach, dem du vertraust, und bleib bei ihm oder ihr.

Was du daraus lernen kannst

Das wars auch schon mit den drei Fehlern, vor denen du dich hüten solltest. Ich fasse zusammen: Zu viel auf einmal, zu viel Mindset bzw. Theorie und zu viele verschiedene Coaches. Häufig ist es so, dass wir schneller vorankommen, wenn wir weniger machen.

2   So sehen geniale Menschen die Welt ...

Geniale Menschen sehen die Welt mit einem völlig anderen Mindset. Sie machen sich die Bipolarität der Welt gezielt zunutze, anstatt sich auf eine jeweilige Seite zu schlagen. Was genau ich damit meine, erfährst du in diesem Abschnitt. Du kannst die Erkenntnisse für dein Mindset nutzen und so dein Leben vollkommen meistern.

Wie die meisten Menschen mit Bipolarität umgehen

Wahrscheinlich bist du dir bewusst darüber, dass wir in einer Bipolarität leben. Das bedeutet, alles, was existiert, hat einen Gegenspieler. Wie zum Beispiel Tag und Nacht, Sommer und Winter, stark und schwach, Jung und Alt. Jetzt ist es so, dass Menschen sich oft für eine bestimmte Seite entscheiden. Sie sind entweder linkspolitisch oder rechtspolitisch. Oder sie sind entweder Workaholics oder sagen »Arbeit ist scheiße.« Auch im Sport gibt es zwei Lager: Die einen entscheiden sich für Ausdauersport und die anderen für Muskelaufbau, und beide meinen, sie liegen richtig. Die meisten Menschen entscheiden sich einfach für eine Seite.

Wie Genies mit Bipolarität umgehen

Und genau das empfehle ich dir, nicht zu tun. Am Beispiel von Ausdauersport und Muskelaufbau: Wer sich schlaumacht, der weiß, dass aerobes Training – zum Beispiel Joggen – zu effektiverem Muskeltraining beiträgt. Andersherum kann mit Muskeltraining die Ausdauer gesteigert werden. Dies habe ich mir schon zunutze gemacht, um mich auf einen 250-km-Ultra-Marathon vorzubereiten ... Du solltest dich also nicht für eine Seite entscheiden, sondern beide Seiten betrachten und für dich nutzen. Genau das machen die erfolgreichsten und genialsten Menschen der Welt.

Lass mich dir ein paar Beispiele nennen

Michael Jordan ist der berühmteste Basketballspieler, der je existiert hat. Vor Michael Jordan dachte man immer, ein Basketballspieler ist entweder gut in der Defense oder in der Offense. Michael Jordan hat sich nicht für eine Seite entschieden, sondern beides gemeistert und wurde dadurch extrem effizient und erfolgreich. Oder nehmen wir Jeff Bezos, den

Gründer von Amazon. Die meisten Unternehmer denken, wenn ich Gewinn mache, ist das gut, und wenn ich Verluste mache, ist das schlecht. Amazon hat jedoch gezielt über viele Jahre hinweg Verluste gemacht und war dann plötzlich das erfolgreichste Unternehmen der Welt, als es auf Gewinn umstellte. Oder nehmen wir Mike Tyson, der berühmte Boxer. Dieser war deshalb so erfolgreich, weil er nicht nur kräftig zuschlagen konnte, sondern auch schnell war – er hat sich nicht für eine Seite entschieden.

Probleme lösen

Wenn du dir immer beide Seiten einer Medaille ansiehst, kannst du auch viel besser Probleme lösen. Wenn du zum Beispiel kein Geld hast, um dir Dinge zu kaufen, solltest du aufhören, dir so viele Dinge zu kaufen. Wenn du mehr bekommen willst, solltest du mehr geben. Wenn du dich gut fühlen willst, solltest du gezielt leiden – zum Beispiel durch Sport. Wenn du frei sein willst, solltest du disziplinierter werden.

3   Die Lüge, in der wir leben

Wir streben alle nach Anerkennung, danach, viel Geld zu verdienen und in Wohlstand zu leben. Häufig belügen wir uns dabei selbst und bemerken es nicht einmal. Das ist schade, denn wirklich glücklich macht uns etwas anderes …

Das Problem

Wir Menschen neigen dazu, uns viel zu sehr darauf zu fokussieren, was wir HABEN wollen. Wir wollen mehr Geld haben, besseres Aussehen, ein eigenes Business, bessere Kleidung, ein Auto und eine Villa. Und die Werbung verspricht uns auch genau das. Wir können alles haben, was wir wollen, und es kostet meistens sogar kaum Geld. Falls wir zu wenig Geld haben, können wir einfach in Raten zahlen. Wir müssen also kaum etwas dafür tun, um etwas zu bekommen. Selbst die Ärmsten in unserem Land haben eine Wohnung mit Fernseher und Smartphone. Man könnte meinen, wir seien alle glücklich, da wir kriegen, was wir wollen, doch das stimmt leider nicht.

Der Sinn von materiellen Zielen

Versteh mich nicht falsch, ich habe nichts gegen materielle Ziele. Wenn du auf Luxus stehst, dann gönne ich dir ein Leben in der Villa. Aber hinter materiellen Zielen steckt etwas viel Erfüllenderes, und zwar, dass wir jemand werden müssen, um dieses Ziel zu erreichen.

Werden macht glücklich

Wenn ich die Botschaft in einen Satz bringe, dann lautet sie: Werden macht glücklicher als Haben. Es bringt dir nichts, ein tolles Auto zu kaufen, wenn du immer noch derselbe Typ bist, mit denselben Unsicherheiten und Ängsten, nur in einem anderen Auto. Du wirst dich an diesem Auto nicht erfreuen können. Das ist, als würde endlich deine Traumfrau oder dein Traummann auftauchen und du kannst dich nicht darüber freuen, weil du merkst, dass du so einen Menschen gar nicht verdient hast. Du willst also nicht wirklich die Traumfrau, du willst ein Mann werden, der so eine Frau verdient hat. Du willst nicht das Geld, du willst jemand werden, der kompetent genug ist, um Geld zu verdienen. Du willst nicht mehr Muskeln, du willst jemand werden, der fit und diszipliniert ist.

Haben ohne Sein geht nicht

Es ist auch so, dass du gar nichts haben kannst, ohne jemand zu werden bzw. wirst du es dann wieder verlieren. Wenn du in einer Beziehung mit jemandem bist, der dir in seiner Entwicklung überlegen ist, wird er nicht lange bei dir bleiben. Wenn du dir ein Haus kaufst, das du nicht abbezahlen kannst, wird das Haus wieder verschwinden. Wenn du ein Business haben willst, ohne jemand zu werden, der Verantwortung übernimmt, wird dieses Business nicht lange existieren. Das ist auch der Grund, warum Lottogewinner so schnell wieder pleite sind. Sie sind einfach nicht der Typ Mensch, der mit so viel Geld umgehen kann. Man könnte sagen, sie haben zwar eine Million auf dem Konto, aber ein Millionär-Mindset haben sie nicht.

4 Wie du emotional frei wirst

Emotionale Abhängigkeit verhindert, dass du dein Leben frei gestalten und ein gesundes Selbstbewusstsein entwickeln kannst. In diesem Abschnitt lernst du, wie du deine Selbstständigkeit förderst, dein Selbstwertgefühl steigerst und ein Leben in Freiheit lebst.

Was bedeutet emotionale Freiheit?

Klären wir erst einmal, was ich mit emotionaler Freiheit meine. Freiheit kann am besten verstanden werden, wenn man sich das Gegenteil ansieht, und das ist Abhängigkeit bzw. Gefangenschaft. Emotionale Freiheit ist also das Gegenteil von emotionaler Abhängigkeit. Und emotional abhängig bist du vor allem dann, wenn du deine Gefühle von dem Verhalten anderer Menschen abhängig machst.

Stufe 1:

Am besten, ich zeige dir den Weg in die Freiheit anhand von drei Stufen. In Stufe 1 bist du nur dann glücklich, wenn man dir Zuneigung schenkt. Menschen in dieser Stufe suchen oft stark nach Aufmerksamkeit, sind eifersüchtig und schnell beleidigt. Auch wenn es nicht sehr rühmlich ist, kennen wir alle diese Zustände, in denen wir uns recht kindisch verhalten, weil man uns nicht das gibt, was wir wollen. Das ist also Stufe 1, die emotionale Abhängigkeit von anderen.

Stufe 2:

Stufe 2 ist das krasse Gegenteil. Wir wollen möglichst unabhängig sein und stoßen andere von uns weg. In Stufe 2 geht es darum, allein zurechtzukommen und uns selbst zu verwirklichen. Diese Stufe ist sehr hilfreich, denn wir hören auf, anderen zur Last zu fallen. Wir lernen unsere Stärken kennen und werden selbstständiger. Doch optimal ist das noch nicht.

Stufe 3:

Stufe 3 ist die emotionale Freiheit. Dieser Zustand ist perfekt, denn wir wissen, dass wir für uns selbst sorgen können, aber wir gehen bewusst Beziehungen ein. Wir brauchen keinen Partner, der uns sagt, dass wir ein toller Mensch sind, das wissen wir selbst. Aber wir entscheiden uns dennoch dafür, uns emotional zu binden, da es unser Leben bereichert.

5 Warum dich Statussymbole triggern

Warum fühlst du dich getriggert, wenn jemand mit seiner dicken Karre angibt? Stimmt es, dass Statussymbole nur etwas für Loser sind? In diesem Abschnitt verrate ich dir meine Meinung dazu und wie du Statussymbole für deinen Erfolg nutzen kannst ...

Was sind Statussymbole?

Was meine ich mit Statussymbolen? Damit meine ich materielle Dinge, die Erfolg sichtbar machen. Zum Beispiel die teure Uhr, das teure Auto, der teure Anzug. Diese Beispiele stehen für finanziellen Erfolg, da nur der, der viel verdient, sich diese leisten kann. Statussymbole müssen sich aber nicht immer um Geld drehen. Ein besonders attraktiver Partner oder große Muskeln dienen auch als Statussymbole, da sie Erfolg sichtbar machen.

Warum regen sich Menschen über Statussymbole auf?

Jetzt stellt sich die Frage: Warum regen die Menschen sich so sehr auf, wenn jemand beispielsweise seine Uhrensammlung auf YouTube zeigt? Hier müssen wir einmal tiefer in die menschliche Psyche blicken. Damit wir Menschen als Spezies uns immer weiterentwickeln und erfolgreicher werden, hat sich die Evolution einen Trick einfallen lassen. Wenn wir einen Menschen sehen, der besser ist als wir, fühlen wir uns tendenziell schlecht. Wir merken, dass wir selbst noch nicht so weit sind. Um das schlechte Gefühl loszuwerden, streben wir dann (theoretisch) selbst nach Erfolg und so wird unsere Entwicklung vorangetrieben.

ABER: Viele Menschen wählen lieber eine bequemere Lösung. Sie machen den erfolgreichen Menschen schlecht und ziehen ihn damit auf ihr Niveau runter. So müssen sie sich selbst nicht ändern. Das Problem dabei: Sie fühlen sich jedes Mal aufs Neue getriggert, wenn jemand mit seinem Erfolg protzt, und sie müssen diesen Erfolg schlecht machen.

Auf Dauer kann daraus ein richtiges Verlierer-Mindset entstehen. Angenommen, du machst jeden schlecht, der mehr verdient, besser aussieht usw., warum solltest du dann mehr verdienen, besser aussehen wollen? Wenn du die Einstellung hast: »Jeder, der ins Fitnessstudio geht, ist oberflächlich« oder »Reiche Menschen sind geizig«, was machen diese Glaubenssätze mit deiner Gesundheit und deinem Kontostand?

Versteh mich nicht falsch: Ich fahre auch kein besonderes Auto oder gebe mit meinen Muskeln auf Instagram an. Aber ich gönne jedem seinen Sixpack und seine materiellen

Besitztümer, wenn sie dazu beitragen, dass er dadurch selbstbewusster wird und Motivation daraus ziehen kann.

Was du tun solltest, wenn dich Statussymbole triggern

Was rate ich dir also im Umgang mit Statussymbolen? Ich rate dir, jedem seinen Erfolg zu gönnen, wie auch immer sich das äußern mag. Manche stehen auf Luxus und andere weniger. Du wirst merken, wenn du jedem das Beste wünschst, geht es dir auch gleich viel besser.

Solltest du merken, dass es dir einen Stich verpasst, wenn jemand in der Luxuskarre an dir vorbeifährt, dann horch mal in dich hinein. Gefällt dir das Auto oder nicht? Hättest du Spaß daran? Glückwunsch! Du hast dich gerade besser kennengelernt und dir bewusst gemacht, was dich motiviert.

Verzichte also darauf, den Besitzer der Luxuskarre herabzustufen, sondern denk dir lieber: »Was könnte ich tun, um so ein Auto zu besitzen?« Offensichtlich wäre das ja möglich. Wenn ein anderer es kann, kannst du es auch.

Welche Statussymbole motivieren dich?

Nicht jeder steht auf dicke Uhren und Autos und du musst das auch nicht. Aber auch du kannst materielle Dinge nutzen, um dir deinen Erfolg bewusst zu machen und dich zu motivieren. Wenn du dich nach deiner Definition gut kleidest, fühlst du dich einfach besser. Wenn du morgens in deiner Traumwohnung aufwachst, fühlst du dich glücklicher als in der kleinen Einzimmerwohnung. Wenn du dir etwas Materielles leistest, weil du es nach deiner Meinung verdient hast, dann fühlt sich das gut an. Nutz also Statussymbole, um dein Leben aufzuwerten.

Fazit

Auf einen Satz heruntergebrochen, will ich dir mit diesem Abschnitt Folgendes sagen: Gönn jedem seinen Erfolg und setz selbst materielle Belohnungen ein, um dich zu motivieren.

6   Die fünf (Lebens-)Lektionen, die viele zu spät lernen

Denkst du dir manchmal: »Hätte ich das früher verstanden, hätte ich mir viel Leid erspart!« Dann geht es dir wie mir und den meisten. Das Gute ist: Wir müssen gar nicht alle Lektionen des Lebens auf die harte Weise lernen, sondern können unsere Lektionen aus den Erfahrungen anderer Menschen ziehen. Folgend bekommst du Einblick in fünf Lektionen, die extrem erfolgreiche Menschen wie Warren Buffett, Will Smith und Simon Sinek für die wichtigsten halten.

Lektion 1: Schlafwandle nicht durch das Leben

Die erste Lektion stammt von Milliardär und Großinvestor Warren Buffet und lautet: »Schlafwandle nicht durch das Leben.« Was meint er damit? Das bedeutet, du solltest im Hier und Jetzt Chancen ergreifen und dein Leben aktiv gestalten. Schieb deine Bedürfnisse und Ziele nicht vor dir her, bis es zu spät ist.

Ein Zitat von Warren Buffett lautet: »Heb dir den Sex nicht für das Alter auf. Das ist eine dumme Idee.« Wahrscheinlich hat er da recht. Es ist doch so: Bis du weißt, was du im Leben wirklich willst, musst du viel ausprobieren. Daher ist es fast immer besser, eine Chance zu ergreifen, anstatt in der Komfortzone zu verharren. Nur so lernst du dazu, machst wertvolle Fehler und lernst dich besser kennen. Denk jetzt bitte darüber nach: Was schiebst du gerade vor dir her? Was würdest du gerne tun, kommst aber nicht in die Umsetzung?

Lektion 2: Angst ist eine Lüge

Lektion Nr. 2 stammt von Will Smith und lautet: »Die Angst belügt dich.« Ein Beispiel: Du verabredest dich mit deinen Freunden zum Fallschirmspringen. In der Nacht vor diesem Termin bekommst du kein Auge zu, denn du hast riesige Angst. Am nächsten Tag hoffst du, dass deine Freunde nicht auftauchen, doch sie sind alle da. Alle haben große Angst, aber keiner will es sich anmerken lassen. Daher sitzt du plötzlich in einem steigenden Flugzeug und merkst, wie deine Angst fast unerträglich wird. Die Tür des Flugzeugs geht auf und du erhältst den Befehl, zu springen. Als du nach unten siehst, packt dich die reine Todesangst. Auf drei geht es los, und in der Sekunde, in der du das Flugzeug verlässt, ist die Angst vollkommen verschwunden.

Im Gegenteil: Du bist so glücklich wie nie zuvor! Jetzt stellt sich die Frage: Wozu hattest du solch gigantische Angst?

Diese Angst hätte dich fast davon abgehalten, den glücklichsten Moment deines Lebens zu erfahren. Was lernst du aus dieser Erfahrung? Deine Angst spricht häufig nicht die Wahrheit. Natürlich gibt es gute Gründe, nicht aus einem Flugzeug zu springen. Doch die größte Erfüllung in deinem Leben versteckt sich oft hinter deiner größten Angst.

Daher mein Tipp: Übe dich darin, dich deiner Angst zu stellen. Nimm die ängstliche Stimme in deinem Kopf nicht einfach hin, sondern teste sie auf ihren Wahrheitsgehalt. Akzeptier das Angstgefühl und mach trotzdem das, was du für richtig hältst. Dadurch wird dir immer mehr bewusst, wie frei du als Mensch bist und was du alles erreichen kannst.

Lektion 3: Hör auf, dich zu beklagen

Lektion Nr. 3 stammt von Multiunternehmer Gary Vaynerchuk und lautet: »Hör endlich auf, dich zu beklagen.« Die Wahrheit ist: Egal, in welcher Lebenslage du dich befindest, es gibt unzählige Dinge, an denen du dich stören kannst. Das heißt aber auch, dass es unendlich viele Dinge gibt, für die du dankbar sein kannst. Ein Zitat von Gary Vaynerchuk lautet: »Wenn deine Eltern nur drei Minuten später Sex gehabt hätten, würdest du nicht existieren – und du beschwerst dich?«

Das Leben selbst ist das größte Geschenk, das du bekommen kannst. Was du mit diesem Geschenk machst, liegt in deiner Verantwortung. Das Problem: Wenn du dich beklagst, positionierst du dich in der Opferrolle. Du fühlst dich dadurch klein und nicht in der Lage, etwas zu ändern. Übernimmst du jedoch Verantwortung für deine Lebensumstände, fühlst du dich mächtig und kannst Dinge verbessern.

Daher mein Tipp: Beklag dich so wenig wie möglich. Stell dir stattdessen zwei Fragen: Was kann ich aus dieser Situation lernen? Was müsste ich tun, um diese Situation zu ändern?

Lektion 4: Kenn dein Reiseziel

Lektion Nr. 4 stammt von Unternehmensberater Simon Sinek und lautet: »Kenne dein Reiseziel.« Er meint, dass zu viele Unternehmen sich zu sehr auf die einzelnen Schritte konzentrieren, anstatt auf ihr Reiseziel. Sie versuchen, mehr Umsatz zu generieren, aber wozu? Was ist das höhere Ziel der Reise?

Was für Unternehmen gilt, gilt auch für dich als Menschen. Wenn du weißt, wo du im Leben ankommen willst und warum, wirst du es auch irgendwie schaffen. Der Weg ist vielleicht voller Rückschläge, aber du kennst die Richtung, und es ist nur eine Frage der

Zeit, bis du dein Reiseziel erreichst. Hast du kein festes Reiseziel, wanderst du einfach umher. Sollten sich einmal Steine auf deinem Weg auftun, drehst du wieder um. Du wirst nie einen guten Grund haben, um die Hürden zu überwinden, und folglich nicht an deinen Herausforderungen wachsen.

Daher mein Tipp: Überleg dir ein Reiseziel, das so attraktiv ist, dass es sich lohnt, sich dafür durch den Dschungel zu kämpfen. Durch das Überwinden der Hürden entwickelst du dich persönlich weiter und dein Leben wird zu einem Abenteuer.

Lektion 5: Genieß das Leben

Die letzte Lektion stammt von Alibaba-Gründer Jack Ma und lautet: »Genieße das Leben.«

Als Coach arbeite ich mit vielen Menschen, denen Erfolg und persönliches Wachstum besonders wichtig sind. Häufig vergessen wir leider vor lauter Zielen und Aufgaben, dass wir nicht auf der Welt sind, um zu arbeiten. Wir sind hier, um das Leben zu genießen. Daher überleg dir, was du dir gerne Gutes tun würdest, und dann mach das auch.

7 Fünf Rituale, die deinen Erfolg kugelsicher machen

Deine Rituale bestimmen dein Schicksal. Anhand deiner Rituale und Routinen kannst du schon heute erkennen, wer du in fünf Jahren sein wirst. Damit du in fünf Jahren genau da bist, wo du am liebsten sein willst, erhältst du jetzt fünf Rituale, die deinen Erfolg kugelsicher machen. Stell dir einen Menschen vor, der es gewohnt ist, immer eine Zigarette zu rauchen, wenn er wach geworden ist. Was sagt dir dein Gefühl, was aus diesem Menschen wird, wenn er dieses Ritual beibehält? Andersherum: Stell dir einen Menschen vor, der jeden Abend eine Stunde in einem Sachbuch liest. Was sagt dir dein Gefühl, wie erfolgreich dieser Mensch in Zukunft sein wird? Deine Rituale entscheiden über dein Schicksal, und das Gute ist: Du entscheidest, welche Rituale du in dein Leben integrierst.

Ritual 1: Sofort aufstehen

Das erste Ritual, das deinen Erfolg kugelsicher macht, besteht daraus, nicht nur früh, sondern sofort aufzustehen. Das bedeutet: Sobald dein Wecker klingelt, setzt du dich auf. Der große Vorteil: Du trainierst dadurch deine Disziplin, und deine erste Handlung des Tages ist ein direkter Sieg über den Schweinehund. Wenn du jetzt sagst, es wäre aber so schön, noch 15 Minuten zu schlummern, dann frage ich dich, ob das stimmt. Genießt du diese Zeit wirklich oder bist du 15 Minuten lang gestresst, weil du nicht richtig wach bist, aber gleich wieder der Wecker klingelt? Besser, du stehst sofort auf, und das am besten möglichst früh. Nimm dir vor deiner Arbeit ausreichend Zeit, um deine Ziele zu planen und Sport zu treiben. Am Morgen entscheidest du, wie du dich den ganzen Tag über fühlst. Nutz also die erste Stunde, um in dich zu investieren.

Ritual 2: Schriftlich planen

Ritual Nr. 2 besteht darin, deinen Tag schriftlich zu planen. Tu das entweder am vorherigen Abend oder in der frühen Morgenstunde. Sobald du deine Ziele für den Tag schriftlich vor dir hast, erreichst du sie auch. Dabei ist wichtig, dass du dich voll auf das jeweilige Ziel fokussierst und nicht ablenken lässt. Sobald du ein Ziel erreicht hast, machst du einen Haken dahinter. Du wirst merken, dass sich das Abhaken eines Ziels gut anfühlt und du Gefallen daran findest. Wenn du deine Ziele nicht aufschreibst, besteht die Gefahr, dass du dich ablenken lässt. Vielleicht verschwendest du dann deine Zeit damit, deine E-Mails zu checken oder unwichtige Aufgaben zu erledigen, um dich vor den größeren Herausforderungen zu drücken. Siehst du deine Ziele schwarz auf weiß vor dir, gibt es keine Ausreden mehr. Überleg dir beim Aufschreiben deiner Ziele, was wirklich wichtig ist, und erledige diese Aufgaben möglichst früh.

Ritual 3: Overdeliver

Ritual Nr. 3 bringt dich gerade im Beruf schnell voran. Es besteht daraus, immer etwas mehr zu leisten, als man von dir erwartet. Als Angestellter wirst du positiv auffallen und dein Gehalt erhöhen können. Als Selbstständiger bindest du so deine Kunden. Als Unternehmer erzeugst du richtige Fans von deinem Produkt. Wenn du in ein gewöhnliches Restaurant gehst, bekommst du in der Regel entweder das, was du erwartest, oder du wirst enttäuscht. Das ist schade, denn etwas mehr zu liefern, als erwartet wird, ist leicht. Zum Beispiel könnte das Essen stilvoll verziert sein. Die Portionen könnten etwas größer sein. Die Gäste könnten ein Gratisgetränk erhalten. Wir Menschen lieben es, positiv überrascht zu werden, und warum solltest du anderen diese Freude nicht machen? Überleg dir also, wie du andere Menschen mit deiner Leistung positiv überraschen kannst.

Ritual 4: Lernen

Ritual Nr. 4 besteht darin, dich jeden Tag für 60 Minuten weiterzubilden. An jedem Tag zu lesen, ist eine angenehme und einfache Methode, um dich von deiner Konkurrenz abzuheben. Du wirst dadurch besser in deinem Job und zu einer interessanten Persönlichkeit. Das Tolle am Lesen: Du trainierst dein Gehirn. Dein Gehirn benötigt Bilder, um funktionieren zu können. Wenn du also ein Buch liest, muss dein Gehirn die Worte erst in Sprache und dann in Bilder umwandeln, um die Informationen aufnehmen zu können. Das ist eine tolle Übung, die bei Podcasts und Videos nicht gegeben ist. Dennoch kannst du natürlich auch Videos schauen oder Hörbücher anhören. Das Gute an Hörbüchern ist, dass du sie unterwegs konsumieren kannst. Je nach deinen Ritualen wird dein Gehirn immer leistungsstärker oder baut ab, weil es nicht gebraucht wird. Wenn du also ein langes und gesundes Leben möchtest, hör nie auf, dich weiterzubilden.

Ritual 5: Selbstreflexion

In Ritual Nr. 5 solltest du regelmäßig prüfen, ob du noch auf dem richtigen Weg bist. Das kannst du tun, indem du dir deine Ziele ansiehst und überlegst, ob diese überhaupt noch in deine Vision passen. Falls ja, überlegst du, ob du das Notwendige tust, um diese Ziele zu erreichen. Stell auch deine Einstellung regelmäßig infrage. Wenn du im Leben nicht vorankommst, ist es wahrscheinlich, dass du gerade nicht bereit bist, dazuzulernen. Wenn du in eine Diskussion gehst, dann zieh in Betracht, dass du falsch liegen könntest. Es ist besser, durch eine Diskussion klüger zu werden, als sie zu gewinnen. Was du sofort tun kannst: Überleg dir bitte, ob du mit den Menschen, die du täglich um dich hast, so umgehst, wie du es gerne hättest, dass sie mit dir umgehen.

8   In sieben Schritten zur positiven Persönlichkeit

Alles, was du um dich herum siehst, ist das Resultat deiner Gedanken. Durch dein Mindset bestimmst du, wo, wie und mit wem du lebst. Positive Gedanken führen logischerweise zu positiven Lebensumständen. In diesem Abschnitt erfährst du, wie du zu einem echten Optimisten wirst. Der Ursprung für all deine Probleme und für deinen Erfolg liegt in dir. Besitzt du eine positive und konstruktive Persönlichkeit, wird sich das in deinen Emotionen und deiner Außenwelt widerspiegeln. Du bist gesünder, führst bessere Beziehungen und verdienst mehr Geld. Darum erhältst du jetzt die sieben Schritte zu einer positiven Persönlichkeit.

Aus deinen Gedanken werden Emotionen, aus deinen Emotionen Handlungen und aus deinen Handlungen resultieren dein Erfolg und deine Lebensqualität. Wer sehr negativ über sich und das Leben denkt, der hat keine Chance, im Leben wirklich erfolgreich zu sein. Wissenschaftler haben sogar herausgefunden, dass sich negative Gedanken direkt auf das Immunsystem auswirken. Wer eine pessimistische Persönlichkeit besitzt, der wagt sich an große Ziele gar nicht erst heran, da er davon ausgeht, dass sie nicht erreichbar sind. Erfährt er auf seinem Weg Rückschläge, deutet er diese als Beweise, dass etwas nicht funktioniert, anstatt daraus zu lernen und einen neuen Versuch zu starten. Du musst also eine optimistische Grundhaltung besitzen, wenn du im Leben erfolgreich sein willst. Zum Glück hast du die Macht, deine Persönlichkeit zu formen. Du kannst bewusst entscheiden, auf welche Art du denken willst. Wenn du dir angewöhnt hast, positiv zu denken, fließt diese Eigenschaft in deine Persönlichkeit mit ein. Du gehst Herausforderungen mit viel mehr Energie an und bist entsprechend häufiger erfolgreich. Rückschläge in deinem Leben werfen dich nicht gleich vollkommen aus der Bahn. Du bist sogar in der Lage, aus den größten Missständen einen Vorteil zu ziehen. Damit du weißt, wie du eine positive Persönlichkeit entwickelst, kommen wir jetzt zu den sieben Schritten.

Schritt 1: Sprich positiv mit dir selbst

Durch die Art, wie du mit dir sprichst, beeinflusst du deine Gefühle. Es heißt sogar, dass 95 % deiner Gefühle über den Tag durch deinen inneren Monolog ausgelöst werden. Übernimmst du nicht gezielt die Verantwortung dafür, wie dein innerer Monolog abläuft, wird er die meiste Zeit negativ sein. Dein Gehirn beschäftigt sich aus evolutionären Gründen lieber damit, was negativ ist, um Gefahren zu vermeiden. Überleg dir also ganz gezielt, wann du positive Selbstgespräche führen möchtest. Vielleicht willst du dir jedes Mal auf dem Weg zur Arbeit so viele Dinge wie möglich einfallen lassen, für die du dankbar bist.

Du könntest jeden Abend im Kopf durchgehen, was du heute alles erreicht hast. Installiere Rituale in dein Leben, die dich dazu bringen, täglich positiv zu denken.

Schritt 2: Stell dir immer wieder dein ideales Leben vor

Ein chinesisches Sprichwort besagt: »Wie im Innen so im Außen.« Alles, was der Mensch jemals erreicht und erschaffen hat, war zu Beginn eine Vision im Kopf. Erst wenn du dir vorstellen kannst, ein Ziel zu erreichen, kann der Körper folgen und das Notwendige tun. Stell dir also schon heute vor, wie dein Leben in Zukunft aussehen soll, wer du in Zukunft sein willst. Erschaffe ein möglichst konkretes Bild und ruf es täglich ab. So programmierst du dein Unterbewusstsein darauf, die richtigen Gedanken und Handlungen auszuführen, um dein Ziel zu erreichen.

Schritt 3: Umgib dich mit positiven Menschen

Achte einmal darauf, wie dein Umfeld so spricht. Hast du Menschen um dich herum, die ein konstruktives Leben führen und dich möglichst unterstützen? Oder hörst du häufig die schlimmsten Horrorstorys aus den Nachrichten und wie schlimm alles gerade ist? Die Wahrheit ist: Du entscheidest, mit wem du deine Zeit verbringst. Dein Umfeld wird definitiv auf dich abfärben, also achte darauf, dass du dich von Pessimisten fernhältst. Je positiver du wirst, desto positivere Menschen ziehst du in dein Leben.

Schritt 4: Achte auf deinen Konsum

Dir ist bereits bewusst, dass du dich gesund ernähren musst, um einen gesunden Körper zu besitzen. Genauso ist das auch mit deinem Geist. Achte also penibel darauf, welche Videos du dir auf YouTube ansiehst und welche Bücher du liest. Helfen dir diese Inhalte dabei, ein konstruktives Leben zu führen und deine Ziele zu erreichen? Oder lenken dich diese Medien nur von deinen Problemen ab, ohne sie zu lösen? Füttere deinen Geist mit möglichst gesunder Nahrung und vermeide mentales Fast Food.

Schritt 5: Entwickle dich ein Leben lang persönlich weiter

Es gibt kein besseres Gefühl, als eine Herausforderung zu meistern, die vorher noch zu groß erschien. Das gilt für den schüchternen Jungen, der sich zum ersten Mal traut, seinen Schwarm anzusprechen, genauso wie für den Millionenunternehmer, der plötzlich zu den reichsten Menschen der Welt gehört. Der Mensch ist dafür geschaffen, sich weiterzuentwickeln. Der Weg hin zu unseren Zielen ist das, was uns wirklich glücklich macht. Sobald wir aufhören, uns im Leben weiterzuentwickeln, geraten wir in eine Negativspirale. Achte also darauf, dass du dir Ziele setzt und regelmäßig deine Komfortzone verlässt.

Schritt 6: Betrachte das Leben aus einer ganzheitlichen Perspektive

Manche Menschen bringen extreme Leistungen in ihrem Beruf, aber ernähren sich dabei ungesund. Andere führen vielleicht harmonische Beziehungen, aber können sich beruflich nicht wirklich durchsetzen. Um eine positive Persönlichkeit zu entwickeln, solltest du dich um all deine Lebensbereiche kümmern. Das bedeutet, um deine Gesundheit, deine Beziehungen, deine Emotionen, deine Finanzen und deine Spiritualität.

Schritt 7: Geh davon aus, dass es klappt

Deine Erwartungshaltung wird schnell zur selbsterfüllenden Prophezeiung. Gehst du zum Beispiel zu einem Date und gehst davon aus, dass dein Gegenüber dich nicht mögen wird, verhältst du dich eher verschlossen und ängstlich. Das Resultat: Du wirkst tatsächlich unsympathisch und das Date wird ein Flopp. Gehst du jedoch davon aus, dass das Date ein Riesenspaß wird, empfängst du die andere Person direkt mit einem breiten Lächeln. Genau das wirst du auch zurückbekommen und dein Date wird ein Erfolg. Wenn ich mich auf meine Challenges vorbereite, überlege ich natürlich auch, was schiefgehen könnte. Aber ich bin immer grundsätzlich zu 100 % davon überzeugt, dass ich es schaffe, und das rate ich dir auch.

9 Wie du den Mut findest, deine Komfortzone zu verlassen

Wenn du im Leben erfolgreich sein und Ziele erreichen willst, musst du deine Ängste überwinden und deine Komfortzone verlassen. In diesem Abschnitt erfährst du einen geheimen Trick, der den meisten noch völlig unbekannt ist und der dich dazu ZWINGT, dein Ziel trotz Angst zu erreichen. Jeder will ins Paradies, aber keiner will sterben. Die Wahrheit ist: Erfolg ist großartig, aber unbequem.

Du brauchst Mut

Um wirklich erfolgreich zu sein, brauchst du eine Menge Mut. Zunächst brauchst du den notwendigen Mut, um überhaupt groß zu träumen und dir große Ziele zu setzen. Die meisten scheitern bereits hier. Würden sie sich eingestehen, dass ihr Potenzial viel größer ist, als das, was sie ausschöpfen, wären sie gezwungen, entsprechend zu handeln, und das macht ihnen Angst. Wenn du dir ein Ziel gesetzt hast, das du als erstrebenswert empfindest, das dich motiviert, musst du bestimmte Dinge tun, um dieses Ziel zu erreichen. Du wirst dein Verhalten ändern müssen und das öffnet die Tür für jede Menge Fehler. Um erfolgreich zu sein, brauchst du also den notwendigen Mut, um Fehler zu machen. Deine Angst vor Fehlern darf dich nicht daran hindern, zu handeln. Außerdem brauchst du den Mut, Verantwortung zu übernehmen. Nur wenn du selbst die Verantwortung für dein Leben übernimmst, bist du in der Position, es zu ändern. Dein Erfolg im Leben hängt also davon ab, wie du mit einem bestimmten Gefühl umgehst, und das nennt sich Angst. Mutig ist nur der, der trotz Angst handelt. Doch das ist leichter gesagt als getan. Angst ist das vielleicht stärkste Gefühl, das wir kennen. Häufig reicht es nicht aus, sich selbst gut zuzureden oder sich auf den positiven Aspekt des Ziels zu konzentrieren, um eine Angst zu überwinden. Deshalb erfährst du jetzt die Wahrheit darüber, wie du es immer schaffst, trotz Angst aus der Komfortzone zu entkommen und deine Ziele zu erreichen.

Angst mit Angst besiegen

Die Frage ist also: Wie kannst du deine Angst überwinden? Angenommen, du hast das Ziel, ein anerkannter Experte auf einem bestimmten Gebiet zu werden. Dann macht es durchaus Sinn, möglichst viele Vorträge zu deinem Thema zu halten. Jetzt nehmen wir mal an, dass es dir extreme Angst bereitet, vor Publikum zu sprechen. Wie schaffst du es, deine Angst zu überwinden? Es ist sicher hilfreich, dich nicht so sehr auf die Redeangst zu konzentrieren, sondern auf dein positives Ziel, dein Expertenstatus. Ist die Angst jedoch wirklich groß, wird dir das nicht viel bringen. Die einzige Möglichkeit, die du jetzt hast, ist, deine Angst mit Angst zu bekämpfen. Das bedeutet konkret: Sobald deine Angst, NICHT aufzutreten, größer ist als deine Angst, aufzutreten, wirst du den Vortrag halten. Du musst dir also die Fragen stellen: Warum will ich die Veränderung in meinem Leben? Was genau stört mich gerade? Wenn du dir ein Ziel setzt, dann tust du das nicht nur, weil das Ziel so schön ist. Du machst das auch, weil du einen gewissen Umstand in deinem Leben nicht mehr tolerieren willst. Was denkst du, motiviert einen Raucher mehr, mit seiner Gewohnheit aufzuhören? Der Gedanke, sich fitter und gesünder zu fühlen, oder die Angst davor, einen Herzinfarkt zu bekommen? Der Schmerz ist dein größter Motivator, du solltest ihn so einsetzen, dass er dir dabei hilft, deine Ziele zu erreichen. Wenn du also Angst davor hast, etwas zu tun, mach dir die negativen Konsequenzen bewusst, die eintreten, wenn du es nicht tust. An unserem Beispiel: Was passiert, wenn ich mich nicht beruflich weiterentwickele? Will ich in fünf Jahren immer noch das Gleiche verdienen? Was passiert, wenn ich nie die Anerkennung bekomme, die ich verdiene? Was ist, wenn ich niemandem helfen kann, weil ich mich nicht in die Öffentlichkeit traue? Mach dir also all die negativen Konsequenzen bewusst, die eintreten, wenn du in deiner Komfortzone verbleibst. Je bequemer du dein Leben gestaltest, desto leidvoller wird es. Deine Muskeln bauen ab, wenn du sie nicht belastest. Dein Gehirn ebenfalls. Machst du es dir zu bequem, wirst du faul, krank und dein Selbstwert wird immer geringer. Wovor du also wirklich Angst haben solltest, ist die Bequemlichkeit und nicht die Herausforderung. Vielleicht hast du erhofft, von mir einen Trick zu erfahren, der deine Angst einfach ausschaltet, doch da muss ich dich enttäuschen. Ich will ehrlich zu dir sein: Die Angst wird dich dein Leben lang begleiten. Doch wenn du sie richtig kanalisierst, kannst du sie für dich nutzen.

10 Depression überwinden: drei Motivationstipps

Bist du deprimiert? So sehr, dass du morgens gar nicht mehr aus dem Bett willst? Leidest du sogar an einer echten Depression? Falls ja, erhältst du hier drei Motivationstipps, die dir dabei helfen können, wieder nach vorne zu schauen.

Klinische Depression?

Es macht natürlich einen Unterschied, ob du zurzeit einfach nur deprimiert bist oder ob du wirklich an einer klinischen Depression leidest. Im zweiten Fall spielen körperliche bzw. genetische Faktoren eine Rolle, die ebenfalls berücksichtigt werden müssen. Depressionen treten in Deutschland in einer hohen Zahl auf. In der Regel liegt die Ursache dafür in einer defizitären Psyche. Folgend gehe ich genau darauf ein: auf deine Psyche und wie du sie positiv beeinflussen kannst.

Tipp 1: Sei kein Opfer

Der erste Tipp klingt vielleicht hart, aber er lautet: »Sei kein Opfer.« Wenn du deprimiert bist, wenn es dir schlecht geht, dann sucht dein Gehirn nach einem Grund dafür. Das Problem dabei: Du findest unendlich viele Dinge in der Welt, die deine Depression rechtfertigen könnten. Menschen begehen grausame Verbrechen, Politiker lügen, es werden Kriege geführt und so weiter. Doch diese Umstände in der Welt sind nicht der Auslöser für deine Depression. Depressionen sind ein Wohlstandsphänomen – werden also in der Regel nicht durch zu harte Lebensumstände ausgelöst. Die Welt ist also nicht zu grausam, sondern die Ursache für dein Problem liegt bei dir. Deine Psyche ist nicht so stark, wie sie sein sollte. Ähnlich wie bei einem zu schwachen Körper, der nicht ausreichend trainiert wurde. Daher hör auf, anderen die Schuld für deine Gefühle zu geben, sondern fang an, etwas zu ändern.

Tipp 2: Hör auf, ständig an dich selbst zu denken

Tipp Nr. 2 lautet: »Lenk deine Aufmerksamkeit von dir weg.« Typisch für eine Depression ist der Fokus auf das eigene Ich. Die Gedanken drehen sich nur noch um die eigenen Probleme und die Außenwelt wird kaum noch wahrgenommen. Im schlimmsten Fall wird die Depression als Teil der eigenen Persönlichkeit gesehen – es gibt dann keine Trennung mehr zwischen dem Ich und der Depression. Daher ist es extrem wichtig, dass du deine Aufmerksamkeit bewusst und regelmäßig von dir weg lenkst. Füge deinem Alltag Aktivitäten hinzu, die dir dabei helfen. Zum Beispiel Kunst, irgendein Handwerk, gestalte Dinge. Übe dich täglich darin, achtsam zu sein. Achte zum Beispiel genau darauf, wie dein Essen schmeckt, hör dir ganz gezielt ein Lied an und hör wirklich hin, wenn andere mit dir sprechen.

Tipp 3: Bewegung

Mein dritter Tipp lautet: »Sorg täglich für Bewegung.« Jetzt denkst du vielleicht: »Ich komm kaum aus dem Bett, wie soll ich noch Sport machen?« Wenn du zu schwach bist, um Sport zu machen, mach auch keinen Sport. Aber du kannst mit Sicherheit täglich einen Spaziergang machen, und das rate ich dir auch. Sorg dafür, dass du an der frischen Luft bist, egal bei welchem Wetter. Versuch, beim Spaziergang wirklich achtsam zu sein. Atme vier Schritte lang ein und vier Schritte lang aus und schau dir bewusst die Umgebung an.

Fazit zur Depression

Das waren meine drei Tipps für dich. Ich empfehle dir wirklich, sie umzusetzen. Tipp Nr. 1: Such die Ursache für dein Problem nicht in der Welt. Tipp Nr. 2: Beschäftige dich weniger mit dir selbst. Tipp Nr. 3: Sorg für tägliche Bewegung.

11   Warum du so verwirrt bist

Viele haben Angst davor, sich große Ziele in ihrem Leben zu setzen, da sie nicht genau wissen, wo sie hin möchten. Sie fühlen sich verwirrt. Wie du deine Verwirrung löst und erkennst, was genau du im Leben erreichen willst, lernst du in diesem Abschnitt. Viele Menschen wissen gar nicht, was sie mit ihrem Leben anfangen sollen. In der Konsequenz tun sie nichts richtig und werden also auch nie wirklich erfolgreich.

Was sehr erfolgreiche Menschen von erfolglosen unterscheidet, ist die Kunst, langfristige Ziele zu erreichen. Viele Unternehmer leben Jahre in einfachsten Verhältnissen und zahlen sich kaum Geld aus, da sie ihr Unternehmen möglichst schnell wachsen lassen möchten und dadurch in fünf Jahren umso mehr verdienen. Wer Erfolg auf langfristiger Ebene denkt, hat in der Regel mehr davon. Wer hingegen sofort reich werden will, greift oft zu fragwürdigen Mitteln und gibt Geld für Wetten aus oder versaut sich seinen Ruf durch unseriöse Angebote. Menschen, die immer kurzfristige Lösungen suchen, leben in der Regel ungesünder, sind ärmer und weniger glücklich. Das klingt doch sehr logisch. Warum haben viele dann solche Skrupel, sich langfristige Ziele zu setzen?

Menschen wissen nicht, was sie wollen

Ein häufiger Grund lautet: Menschen wissen nicht wirklich, was sie wollen. Wenn du dir nicht sicher bist, wohin die Reise gehen soll, dann hast du Angst davor, lange in eine Richtung zu laufen. Du hast Angst, dich anzustrengen und in eine Sache zu investieren, von der sich später herausstellt, dass sie dir nicht gefällt. Die Wahrheit ist: Die Zeit vergeht sowieso. Ist es nicht besser, du entscheidest dich zum Beispiel für ein bestimmtes Studium, anstatt drei Jahre zu grübeln? Nur durch Erfahrungen lernst du, was du willst und was du nicht willst.

Die Lösung

Um dir schon heute darüber klar zu werden, wo du im Leben hinwillst, mach Folgendes: Überleg dir, was dich in deinem Leben stört oder sogar so richtig ankotzt. Stell dir dann die Frage: »Was genau ist mein konkretes Problem?« Diese Frage ist wahrscheinlich wichtiger, als du denkst. Einstein sagte einmal sinngemäß: Wenn ich eine Stunde habe, um ein Problem zu lösen, dann verwende ich davon 55 Minuten auf die Analyse des Problems. Viele Menschen merken, dass es ihnen schlecht geht, aber sie hinterfragen nicht, warum.

Sie können ihr Problem nicht benennen und daher auch nicht lösen. Versuch also, dein Problem möglichst genau zu definieren. Dadurch weißt du, welchen Zustand du in deinem Leben nicht mehr haben möchtest. Das ist viel wert. Du solltest überlegen, was das Gegenteil von diesem Problem ist. Welchen Zustand willst du haben? Du setzt dir dadurch ein positives Ziel. Wenn du das geschafft hast, kennt dein Gehirn den Zustand, von dem du weg willst, und den Zustand, zu dem du hin willst. Dein Problem ist jetzt noch nicht gelöst, aber du hast Klarheit. Du weißt, was du willst, und du bist wahrscheinlich auch bereit, Jahre dafür zu arbeiten.

Umsetzung

Es ist wirklich befreiend, geistige Klarheit zu erlangen, und daher rate ich dir, die Übung jetzt durchzuführen. Du hast jetzt die Chance, wirklich etwas zu verändern, indem du schriftlich die Frage beantwortest: »Was nervt mich gerade in meinem Leben?« Schreib so viel auf, wie dir einfällt, und dann wähl die eine Sache, die dich am meisten stört. Schreib jetzt auf, was das Gegenteil von diesem negativen Zustand ist. Wenn du zaubern könntest, wie sähe dein Leben dann aus? Du hast jetzt ein klares Ziel und kannst dich auf die Dinge konzentrieren, die dazu beitragen, dein Ziel zu erreichen.

12 Ängste überwinden durch fünf geniale Tipps

Geht es dir häufig so, dass du genau weißt, welche Aufgaben du angehen solltest, doch du bist völlig blockiert? Eine Ursache, die dich davon abhält, Herausforderungen zu meistern, ist deine Angst. Lies diesen Abschnitt bis zum Ende und du wirst verstehen, dass Ängste normal sind und dass du trotz Ängste handeln und erfolgreich sein kann.

Du bist nicht allein

Wenn du Angst vor der Zukunft und vor Herausforderungen hast, bist du nicht allein – jeder Mensch hat irgendwann mal in seinem Leben Selbstzweifel. Und Angst ist etwas GUTES, denn sie schützt uns. Die Angst wird jedoch zum ernsten Problem, wenn sie dich blockiert. Wenn du nicht weißt, wie man mit Ängsten richtig umgeht, werden diese immer stärker und dein Leben wird zum Gefängnis. Die Wahrheit ist: Jeder Mensch hat Angst, aber nicht jeder leidet darunter. Was können wir also von Menschen lernen, die trotz Angst große Verantwortung auf sich nehmen, Extremsport betreiben oder mutig ihr Leben leben?

Akzeptier dein Ängste und Selbstzweifel

Als ich begann, Vorträge zu halten, war ich extrem nervös. Irgendwann merkte ich, wenn ich mir verbiete, nervös zu sein, wird die Angst um ein Vielfaches schlimmer. Ich erlaube mir heute nervös zu sein und nutze sogar diese Energie, um auf der Bühne dynamisch zu sein. Da Ängste natürlich sind, kannst du sie nicht abschalten wie einen Fernseher. Kämpfst du gegen deine Ängste an, erzeugst du Stress und bist umso weniger entspannt. Akzeptier deine körperliche Reaktion und konzentrier dich auf dein Ziel. Durch die Akzeptanz wird die Angst geringer.

Benenn deine Ängste anders

Beispiel: Zwei Menschen halten jeweils einen Vortrag auf einem Event. Beide haben Angst bzw. die exakt gleichen körperlichen Reaktionen. Sie werden nach ihren Vorträgen gefragt, wie sie sich gefühlt haben. Die eine Person sagt: »Es war die Hölle«, während die andere sagt: »Es war total aufregend!« Was können wir aus dieser Geschichte lernen? Was du letztendlich erlebst, entscheidet dein Geist. Du kannst deinen Geist und somit dein

Erleben beeinflussen, indem du Situationen und Gefühle anders benennst. Achte auf deine Wortwahl: Eine Situation ist nie die Hölle oder warst du schon mal in der Hölle und bist zurückgekommen? Eine Situation ist manchmal eine Herausforderung oder etwas fordernd. Du hast keine Angst, du bist etwas nervös oder hast sogar Vorfreude.

Lern deine Angst zu schätzen

Nachdem ich meinen 250-km-Atacama-Wüstenmarathon in Chile gelaufen war, war ich extrem stolz auf mich und bekam neues Selbstvertrauen. Wäre ich auch stolz auf mich gewesen, wenn ich vorher keine Selbstzweifel gehabt hätte? Nein! Wir Menschen lügen uns häufig etwas vor, indem wir denken, dass das Leben schön wäre, wenn wir keine Ängste und Probleme mehr hätten. Dabei machen gerade die Herausforderungen unser Leben so spannend und lebenswert. Die ruhigen und harmonischen Phasen in unserem Leben sind nur deshalb so wunderschön, da es meistens turbulent zugeht. Entspannung ist nur dann möglich, wenn du vorher angespannt warst. Sieh die Angst also nicht als etwas Negatives. Sieh sie als nett gemeinten Hinweis darauf, wo du noch wachsen und Selbstvertrauen tanken kannst.

Nimm deine Angst in den Arm und knutsch sie von oben bis unten ab

Der berühmte Psychologe Viktor Frankl hat herausgefunden, dass körperliche Symptome genau dann NICHT auftreten, wenn man sie erzwingen will. Dieses Phänomen wurde bekannt durch Männer mit Erektionsproblemen. Je mehr sie eine Erektion wollten, desto weniger funktionierte es. Versuchten sie jedoch, auf keinen Fall eine Erektion zu bekommen, dann bekamen sie eine. Diese Erkenntnis kannst du nutzen, um Angstsymptome abzuschwächen. Wenn du merkst, dass du ängstlich bist, dann versuch, so ängstlich wie nur möglich zu werden. Übertreib dabei in deiner Vorstellung derart, dass es lächerlich wird. Versuch so sehr zu schwitzen, dass der Raum sich mit deinem Schweiß füllt, oder so sehr zu zittern, dass ein Erdbeben entsteht. Das Resultat: Deine körperlichen Symptome lassen nach.

Handle entschlossen trotz deiner Angst

Die Angst ist nur in deinem Kopf. Bevor du z. B. in eine Prüfung gehst, ist die Angst am schlimmsten. Wenn du dein Ding durchziehst, merkst du, dass keine Katastrophe eintritt. Diese Lektion ist extrem wertvoll. Um das zu verstehen, musst du dein Ding machen, obwohl dir der Gedanke Angst bereitet. Warte also nicht, bis deine Angst weg ist, bevor du dich einer Herausforderung stellst. Die Angst geht erst dann weg, wenn du die Herausforderung gemeistert hast. Akzeptier also deine Angst und handle gemäß deinen Zielen.

13 Zu viele Hobbys? Das steckt dahinter!

Hast du zu viele Hobbys? Hast du ein Problem damit, deine Leidenschaft zu finden? Wenn du dich davor drückst, eine Entscheidung zu treffen und dich auf eine Sache zu konzentrieren, wirst du nie dein Hobby zu deinem Beruf machen können.

Hobbys sind doch Ausgleich?!

Jetzt könnte man sagen: »Ist doch kein Problem. Das bringt Abwechslung.« Doch wenn du viele Hobbys hast, anstatt einer bestimmten Leidenschaft nachzugehen, wirst du nie wirklich gut in dem, was du tust. Du wirst in allem, was du tust, immer nur eine durchschnittliche Qualität erreichen. Das führt unter anderem dazu, dass du dein Hobby nie zu deinem Beruf machen kannst. Denn um wirklich Geld zu verdienen, solltest du zu den Besten gehören.

Warum du so viele Hobbys hast

Jetzt stellt sich die Frage: »Warum hast du so viele verschiedene Interessen?« Vielleicht kommt dir dieses Beispiel bekannt vor: Es gibt da eine wichtige Aufgabe, die du erledigen musst. Aber anstatt diese anzugehen, fallen dir plötzlich lauter andere Dinge ein, die du tun willst. Anstatt das zu tun, was wichtig wäre, räumst du dein Zimmer auf, schaust Videos und so weiter. Der Hintergrund ist folgender: Sobald uns etwas schwerfällt, halten wir nach leichteren Aufgaben Ausschau. Wenn du zum Beispiel mit Kraftsport anfängst, hast du es am Anfang relativ leicht, Fortschritte zu erzielen, und das motiviert dich. Wenn du aber zu den muskulösesten Typen im Land zählen willst, musst du plötzlich richtig hart dafür arbeiten. Genauso ist das auch mit Musikinstrumenten oder im Business. Bis du das Mittelmaß erreicht hast, ist es leicht – deshalb sind da ja so viele. Aber um an die Spitze zu kommen, musst du mehr investieren als die meisten. Um vor dieser Anstrengung zu fliehen, springst du auf das nächste Hobby.

Was du dagegen tun kannst

»Was kannst du dagegen tun?« Die Antwort ist einfach: Wähl ein Hobby aus und mach es zu deiner Leidenschaft. Wenn dir die Vorstellung richtig gefällt, als Bodybuilder auf der Bühne zu stehen, dann ist Kraftsport vielleicht ein Hobby, das du zu deiner Leidenschaft machen solltest. Eine Leidenschaft ist nichts, was einfach nur Spaß macht. Es ist eine Tätigkeit, die du so anziehend findest, dass es sich lohnt, für sie zu leiden. Nur wenn du mal zehn Jahre in ein Thema investierst, kannst du dort so gut werden, dass du auch großen Mehrwert für andere schaffst. Und wenn du diesen Punkt erreicht hast – Mehrwert für andere – kannst du auch mit deiner Leidenschaft Geld verdienen und ein Leben leben, von dem andere nur träumen.

14   Wie du dich von Sorgen befreist

Sorgen und Ängste hindern uns häufig daran, Probleme wirklich zu lösen. Darum lernst du in diesem Abschnitt, wie du dich effektiv von Sorgen und negativen Gedanken befreist, um Herausforderungen zu überwinden und dein Leben aktiv zu gestalten. Sorgen haben das Potenzial, ein Leben zu zerstören. Daher erfährst du in diesem Text, wie du dich effektiv von Sorgen befreist.

   Vorab: Sorgen sind nicht grundlegend etwas Schlechtes. Das negative Gefühl, das wir durch unsere Sorgen erhalten, setzt uns unter Druck. Unsere Sorgen führen dazu, dass wir in Bewegung kommen und Dinge in unserem Leben ändern. Häufig sorgen wir uns jedoch ohne guten Grund. Wir sorgen uns zum Beispiel über Dinge, die wir ohnehin nicht beeinflussen können wie die Finanzkrise, Terroranschläge, Unfälle, Umweltkatastrophen. Häufig sorgen wir uns auch wegen Dinge, die es gar nicht wert sind. Zum Beispiel: Ob uns jemand mag, ob wir gut genug aussehen, ob wir pünktlich sind. Das Problem: Sorgen wirken sich negativ auf unsere Psyche und unseren Körper aus. Wie erfolgreich du im Leben bist, hängt vor allem von zwei Faktoren ab: Wie klar dein Geist ist und wie fit dein Körper ist. Deine Sorgen nehmen auf beide Faktoren negativen Einfluss. Das bedeutet leider auch, dass du deine Probleme schlechter lösen kannst, wenn du dich wegen ihnen sorgst. Daher erfährst du jetzt, was du tun kannst, um unnötige Sorgen zu verbannen und Probleme effektiv zu lösen.

Schreib deine Sorgen auf

Der erste Tipp, den ich dir geben möchte, lautet: Schreib deine Sorgen auf. Diese Methode empfehlen nicht nur Psychologen, auch Bruce Lee erwähnte einmal, dass er genauso mit seinen Sorgen umgeht. Der große Vorteil: Deine Sorgen sind aus deinem Kopf. Du kennst das Phänomen, wenn du eine To-do-Liste für den Tag schreibst. Du bist weniger gestresst, da du nicht mehr an alles denken musst – du hast es ja notiert. Schreibst du deine Sorgen auf, musst du auch an diese nicht mehr denken. Außerdem siehst du jetzt schwarz auf weiß, warum du dir Sorgen machst. Du wirst wahrscheinlich feststellen, dass viele Sorgen unsinnig wirken, sobald du sie mit Abstand betrachtest. Schreib am besten gleich auf, warum diese Sorgen Unsinn sind. So verlieren sie ihre negative emotionale Wirkung. Natürlich haben wir auch häufig einen guten Grund, uns zu sorgen. Auch diese Sorgen sollten wir mit Abstand betrachten. Durch die emotionale Distanz können wir besser Lösungen für unsere Probleme finden. Schreib also deine Sorgen auf, um sie aus dem Kopf zu bekommen.

Änder deine Perspektive

Tipp 2 lautet: Änder deine Perspektive. Der weltberühmte Physiker Stephen Hawking meinte einmal, dass ihm nichts Besseres hätte passieren können, als dass sein Körper fast vollständig gelähmt ist. Der Grund: So ist er nicht abgelenkt von zu vielen Möglichkeiten und kann sich zu 100 % auf seine geistige Arbeit konzentrieren. Dies ist ein perfektes Beispiel dafür, wie jemand seine Perspektive auf ein Problem ändert. Auch wenn es manchmal unglaublich klingt: In jedem Schicksalsschlag steckt eine Lektion, etwas Positives. Du musst nur lange genug suchen. Frag dich: Was bringt mir dieses Problem? Was ist gut an dieser Situation? So fühlst du dich besser und kannst sinnvoll mit einer Situation umgehen.

Fokus auf die Lösung

Tipp Nr. 3 lautet: Konzentrier dich zu 100 % auf die Lösung. Häufig befassen wir uns zu viel mit dem Problem, anstatt mit der Lösung. Daher machen wir uns ständig Sorgen und nehmen ein Problem größer wahr, als es tatsächlich ist. Konzentrierst du dich jedoch auf die Lösung des Problems, fühlst du dich besser und dein Problem erscheint dir klein. Du befasst dich dann mit den Dingen, die dich an dein Ziel bringen, und nicht damit, was dich hindert. Ein Beispiel: Stell dir vor, du schießt einen Elfmeter im Fußball. Dein Ziel ist, den Ball – am Torwart vorbei – in das Tor zu schießen. Was passiert, wenn du dich auf den Torwart, auf dein Problem, konzentrierst? Genau: Du schießt ihm direkt in die Arme. Um am Torwart vorbeizuschießen, musst du an ihm vorbeischauen. Du musst dich auf die Lösung konzentrieren und so schießt du ein Tor. Es ist normal, wenn du damit Probleme hast. Übe dich dennoch mental darin, immer den Fokus auf die Lösung des Problems zu legen.

Am besten du machst Folgendes: Schreib auf, welchen Zustand du erreichen willst. Dein Problem ist zum Beispiel, dass du zu wenig Zeit hast, um dich zu regenerieren. Die Lösung könnte lauten: Mindestens einmal pro Woche bin ich völlig tiefenentspannt. Jetzt machst du eine umfangreiche Liste mit Optionen, wie du dieses Ziel erreichst. Zum Beispiel: Weniger Aufträge annehmen und jeden Sonntag zur Massage usw. Wenn du dich zwingst, eine Liste zu gestalten, konzentrierst du dich auf die Lösung und wirst kreativ. Wenn du eine passende Lösung im Kopf hast, kannst du deine Situation leicht ändern und fühlst dich besser.

Änder, was du ändern kannst, und akzeptier, was du nicht ändern kannst

Mein letzter Tipp lautet: Trenn die Dinge, die du ändern kannst, von denen, die du nicht ändern kannst. Kannst du etwas nicht ändern, musst du dir keine Sorgen machen. Akzeptier in diesem Fall deine Umstände so, wie sie sind. Dadurch sparst du Energie und kannst dich auf das konzentrieren, was du wirklich ändern kannst. Kannst du etwas ändern, dann tu es auch. Wenn du ein ungelöstes Problem mit dir herumschleppst, macht es dich träge und unglücklich. Oft ist es beängstigend und anstrengend, sich Problemen zu stellen, doch die Herausforderung lässt dich wachsen und du wirst mit einem glücklicheren Leben belohnt.

15 Fressattacken stoppen in drei einfachen Schritten

Leidest du an Fressattacken? Hindert dich dein Heißhunger daran, abzunehmen? In diesem Abschnitt erfährst du in drei einfachen Schritten, wie du Fressattacken vermeiden kannst.

Schritt 1: Was frustriert dich?

Im ersten Schritt finden wir heraus, was die Ursachen für deine Fressattacken sind. Hierfür brauchst du nicht zwingend eine tiefenpsychologische Analyse. Frag dich einfach: »Was frustriert mich gerade so richtig in meinem Leben?« Es ist so: Wenn du deprimiert und gestresst bist, dann sucht deine Psyche einen Weg, um das zu kompensieren. Die naheliegende Lösung ist dann einfach das zu tun, was schon immer zuverlässig zu einer Ausschüttung von Glückshormonen geführt hat wie das Essen. Was viele nicht verstehen: Deine Psyche MUSS kompensieren. Das bedeutet, es muss eine Lösung her – anders geht es nicht. Du kannst also nicht einfach mit deinen Fressattacken aufhören, du brauchst eine gesunde Alternative. Und damit kommen wir zu Schritt 2.

Schritt 2: Alternativen schaffen

Das Essen sorgt dafür, dass du dich entspannter und zumindest kurzzeitig glücklicher fühlst. In Schritt 1 hast du herausgefunden, warum du diese Fressattacken überhaupt hast, und an dieser Wurzel musst du ansetzen. Schaff genau hier eine Veränderung in deinem Leben, auch wenn es dir schwerfällt. Du hast gar keine andere Wahl. Deine Psyche und dein Körper signalisieren dir ganz klar, dass du nicht so lebst, wie du möchtest. Übernimm hier die Verantwortung dafür, wie du dein Leben gestaltest. Leite Veränderungen ein, auch wenn es sich zu Beginn ungewohnt anfühlt. Ein Tipp: Schreib auf, was dich gerade belastet und wie dieses Thema optimalerweise aussehen würde. So kommst du leichter in die Umsetzung.

Schritt 3: Tu dir etwas Gutes

Im dritten Schritt überlegst du dir, was du dir kurzfristig Gutes tun kannst. Es gibt bessere Alternativen, als viel zu essen. Du könntest dir zum Beispiel einmal pro Woche eine Massage gönnen. Vielleicht hilft es dir auch, in die Natur zu gehen und dort die Luft zu atmen. Vielleicht hilft es dir, Kunst zu machen. Sei hier kreativ und such nach Alternativen. Wenn du Strategien hast, um dich auch kurzfristig besser zu fühlen, dann fällt dir auch die große Änderung in deinem Leben leichter.

16 Angstfrei reden: Der schnellste Weg

Was steckt hinter der Redeangst?

Zuerst die Frage: Was steckt hinter der Redeangst? Die Redeangst ist eine soziale Angst, denn du hast ja Angst davor, dich vor anderen zu blamieren. Soziale Ängste sind ganz normal. Wenn sie jedoch zu stark auftreten und dich in deiner Redefreiheit einschränken, solltest du etwas dagegen tun. Die gute Nachricht ist: Deine Angst ist übertrieben. Denn selbst wenn du dich versprichst oder etwas Falsches sagst, hat das so gut wie nie schlimme Konsequenzen. Niemand erwartet von dir, dass du perfekt bist, und Menschen interessieren sich in erster Linie für sich selbst. Jetzt sagst du vielleicht: »Chris, ich weiß, dass meine Angst irrational ist, aber sie ist dennoch da.« Und das weiß ich. Du wirst deine Angst nicht im Kopf lösen können, sondern du musst in die Umsetzung kommen.

Übe vor der Kamera

Wissen ist etwas anderes, als zu erleben. Mein Tipp lautet: Übe täglich, eine Rede zu halten oder frei zu sprechen. Wichtig ist, dass du danach Feedback bekommst, und so einschätzen kannst, wie gut es gelaufen ist. Das machst du am einfachsten, indem du dich zu Hause mit der Kamera aufnimmst. Du musst also nicht ständig Leute vollquatschen, quatsch erst mal dich voll. Und das so richtig viel! Mach das jeden Tag diszipliniert und sprich dabei in die Kamera. Du kannst dir danach ansehen, wie du dabei rüberkommst, und wirst mit der Zeit immer besser und lockerer. Du machst täglich die Erfahrung, dass du frei sprechen kannst, und das wirkt sich auch auf deinen Alltag und deine Vorträge aus. Du wirst immer lockerer und kommunikativer und genau das willst du erreichen.

17 Willenskraft stärken mit diesen drei Tipps

Fällt es dir schwer, dich im Leben durchzusetzen? Fehlt es dir an Willenskraft? Die Auswirkungen durch einen Mangel an Willenskraft können fatal sein.

Tipp 1: Mach dir die negativen Konsequenzen bewusst

Mein erster Tipp lautet: Mach dir bewusst, was passiert, wenn du weiterhin keine Willenskraft besitzt. Ein Mensch ohne Willenskraft ist vollkommen der Manipulation anderer ausgesetzt. Er hat keinen eigenen Standpunkt, sondern versucht ständig, allen alles rechtzumachen. Das bedeutet: Niemand nimmt ihn ernst. Ein Mensch ohne Willenskraft kann sich nicht zum Sport oder gesundem Essen motivieren und wird dadurch krank. Ich könnte die Liste noch viel weiter führen, aber es ist besser, wenn du eine eigene Liste erstellst. Was passiert alles Negatives, wenn du nicht lernst, nach deinem eigenen Willen zu leben? Mach das ruhig schriftlich.

Tipp 2: Trainier deinen freien Willen

Mein zweiter Tipp lautet: Trainier deinen freien Willen im Alltag. Im Gegensatz zu den Tieren haben wir Menschen einen freien Willen. Das bedeutet, dass zwischen dem Reiz von außen und unserer Reaktion noch Potenzial zur Einflussnahme ist. Mit anderen Worten: Du kannst dir deine Reaktion fast immer bis zu einem gewissen Grad aussuchen. Übe dich darin, genau das zu machen. Und zwar immer dann, wenn negative Gefühle in dir aufkommen. Überleg dir in so einem Moment: Was ist gut an dieser Situation? Oder: Wofür bin ich dankbar? Übernimm die Kontrolle über deine Gefühlswelt. Je mehr du das übst, desto besser wirst du darin. Du kannst dann dein Leben frei gestalten, anstatt von äußeren Reizen gelenkt zu werden.

Tipp 3: Morgens sofort aufstehen

Mein dritter Tipp lautet: Steh morgens sofort auf, wenn der Wecker klingelt. Diese Übung ist einfach, konkret und effektiv. Daher empfehle ich dir, sie wirklich umzusetzen. Wenn der Wecker klingelt, startet dein Tag und dadurch auch deine erste Handlung. Drückst du auf die Schlummertaste, beweist du direkt, dass du NICHT der Boss deines Nervensystems bist. Es ist, als würdest du deinen Tag mit einer Niederlage starten. Mach das Gegenteil: Starte als Gewinner in den Tag. Steh sofort auf, wenn der Wecker klingelt und das jedes Mal. Du wirst merken, wie es dir immer leichter fällt, und dadurch werden auch andere Aufgaben für dich einfacher, umzusetzen.

18 Dinge, die du tun solltest, bevor du stirbst

Vielleicht kommt es dir komisch vor, darüber nachzudenken, dass du sterben wirst, doch das Ganze hat einen großen Vorteil. Du bist dazu gezwungen, dich wirklich mit deinem Leben auseinanderzusetzen und zu überlegen, was dich glücklich macht.

Sobald du dir bewusst machst, dass deine Zeit begrenzt ist, entsteht ein Handlungsdruck. Dieser Druck bringt dich in die Umsetzung und du beginnst tatsächlich, dein Leben mehr auszuschöpfen. Folgend will ich dir ein paar Anregungen geben, damit du darüber nachdenkst, welche Dinge du noch unbedingt erleben möchtest.

Fallschirmspringen

Die erste Sache, die du tun solltest, bevor du stirbst: Spring aus einem fliegenden Flugzeug. Wenn du Fallschirm springst, machst du die Erfahrung, dass du Dinge tun kannst, von denen du es niemals gedacht hättest. Du lernst, dass du selbst deine größten Ängste überwinden kannst. Überleg also, auf welches Abenteuer du dich noch in deinem Leben einlassen möchtest. Es kann alles Mögliche sein, aber überrasch dich selbst. Erlaub dir, in größeren Maßstäben zu denken, und dann zieh es durch.

Genieß das Leben

Die zweite Sache lautet: Geh barfuß spazieren. Was passiert, wenn du barfuß gehst? Du achtest auf jeden Schritt und nimmst den Boden unter deinen Füßen bewusst wahr. Und genau darum geht es mir bei diesem Tipp. Du hast jeden Tag die Chance, dein Leben zu genießen, indem du einmal völlig ins Hier und Jetzt kommst. Denk auf deinem Weg nicht daran, wo du hinwillst, sondern genieß einmal, zu gehen. Oder leg dich auf dein Bett und hör dir mit deiner vollen Aufmerksamkeit ein Orchester an. Genieß einen Moment, indem du dich einfach dazu entschließt. Mach das bitte nicht nur einmal, bevor du stirbst, sondern ab heute täglich.

Lies ein Buch

Lies ein großartiges Buch. Falls du das schon getan hast, dann lies noch eins. Großartige Bücher können unser Leben vollkommen verändern. Häufig merkst du direkt beim Lesen, wie sich etwas in deinem Gehirn verändert, wie du die Welt plötzlich anders siehst. Vielleicht kennst auch du diese großartigen Wow-Momente, wenn ein Autor ein Aspekt aus deinem Leben so klar in Worte fasst, dass dir ein Licht aufgeht. Du hast die Möglichkeit, die Biografien der bedeutendsten Menschen zu lesen, die je gelebt haben, und ihre Erfahrung für dich zu nutzen. Tipp Nr. 3 lautet: Lies ein großartiges Buch.

Lern dich selbst kennen

Sokrates hat einmal gesagt: »Das unerforschte Leben ist nicht lebenswert.« Geh also an deine Grenzen, um zu erkennen, wer du wirklich bist. Für mich persönlich ist es zu einer Lebensphilosophie geworden, immer wieder meine Komfortzone zu verlassen und zu testen, was wirklich in mir steckt. Welche Challenge möchtest du starten? Sei bereit, Fehler zu machen und Schwächen herauszufinden. So lernst du, was deine Stärken sind. Besuch andere Länder und entscheide selbst, wo du leben willst. Lern dich selbst kennen, denn du hast nur dieses eine Leben.

Hilf anderen Menschen

Der letzte Tipp, den ich dir mitgeben möchte, lautet: Hilf so vielen Menschen, wie du kannst. Damit meine ich weniger, dass du losrennen und die Welt retten sollst, sondern dass du die Menschen um dich herum – und gerade die, die du liebst – aufbauen solltest. Trau deinen Mitmenschen mehr zu, als sie es selbst tun, und mach niemanden klein. Du wirst merken, dass du dich viel besser fühlst, sobald du deine Anerkennung, Aufmerksamkeit und Zuneigung verschenkst.

TEIL 3: Kekse für mehr Motivation

Motivation ist dein ganz persönlicher Motor, der dafür sorgt, dass du auch wirklich arbeitest für das, was du willst. Sie ist der Grund, warum du morgens aus dem Bett springst, um deine Arbeit zu erledigen, sie ist ein Grundstein für deinen Erfolg. Langfristig wirst du neben der Motivation auch Disziplin brauchen, um wirklich deine Ziele zu erreichen, aber Motivation ist ein wichtiger und notwendiger Startpunkt, der geübt und trainiert werden muss. Mach dir Motivation zur Gewohnheit.

1 Gewinne den Morgen und du gewinnst den Tag

Morgenroutinen spielen eine besonders große Rolle im Tagesablauf erfolgreicher Menschen. Folgend erhältst du einen Überblick darüber, wie du eine Morgenroutine gestaltest, die dich den Tag über entspannter, leistungsfähiger und glücklicher macht. Ein Sprichwort lautet: Gewinne den Morgen und du gewinnst den Tag. In diesem Abschnitt schauen wir uns an, was dahinter steckt und wie du deinen Morgen perfekt gestaltest, damit du dich frisch, energetisch und konzentriert fühlst.

Sicher ist es dir in deinem Leben mal passiert, dass du vergessen hast, deinen Wecker zu stellen. Du wachst auf und merkst, dass du zu spät dran bist. Deswegen machst du nur das Nötigste, um dich dann sofort auf den Weg zu machen. Unterwegs ärgerst du dich über jede Kleinigkeit, die dich Zeit kostet. Wenn du an deinem Arbeitsplatz ankommst, bist du schon völlig gestresst. Du machst Fehler und nervst deine Arbeitskollegen mit deiner gereizten Art. Der Tag ist im Eimer. Was lernen wir daraus? Wie du in deinen Tag startest, wirkt sich deutlich auf den Rest deines Tages aus. Daher ist es so wichtig, dass du morgens die Kontrolle übernimmst und dir optimale Weichen stellst. Wie hätte dein Tag wohl ausgesehen, wenn du früh aufgestanden wärst? Wenn du zum Beispiel ausreichend Zeit zum Meditieren gehabt hättest? Du wärst entspannt auf deiner Arbeit erschienen, wärst konzentriert gewesen und hättest Spaß mit deinen Kollegen gehabt. Gerade dann, wenn du zu den Menschen zählst, die in ihrem Leben besonders viel erreichen wollen, MUSST du deinen Morgen sogar optimal gestalten. Folgend zähle ich einige wirksame Morgenroutinen auf. Achte darauf, welche dir davon zusagen, und integrier sie am besten gleich morgen schrittweise in dein Leben.

Früh aufstehen

Meine erste Morgenroutine, die ich umsetze, lautet: früh aufstehen. Es sollte auf keinen Fall so sein, dass du morgens kaum Zeit hast, bevor du mit deiner Arbeit beginnst. Du solltest früh genug aufstehen, um in deine Gesundheit und deine Leistungsfähigkeit investieren zu können.

Sofort aufstehen

Wenn dein Wecker früh genug klingelt, rate ich dir, SOFORT aufzustehen. Du bist jetzt sowieso wach und solltest nicht noch deine Zeit damit verschwenden, im Bett zu liegen. Steh direkt auf und beweise dir selbst, dass DU die Kontrolle hast und nicht dein innerer Schweinehund. Diese kleine Übung fördert in großer Weise deine Disziplin. Du gewöhnst dich schneller daran, als du vielleicht denkst.

Joggen

Um den Körper in Schwung zu bekommen, gibt es kaum eine bessere Methode als Ausdauersport. Eine deiner ersten Tätigkeiten des Tages sollte also das Joggen sein. Achte dabei darauf, dass du hauptsächlich im aeroben Bereich trainierst. Das merkst du daran, dass du während des Laufens immer noch reden kannst, also nicht zu angestrengt bist. So stellst du sicher, dass dein Körper nicht an deine Kraftreserven geht und du nicht das Gegenteil bewirkst von dem, was du möchtest: dich den Rest des Tages fit und munter zu fühlen. Auch Kraftsport funktioniert direkt am Morgen großartig.

Kalt duschen

Jetzt, da dein Körper so richtig warm geworden ist, ist der richtige Zeitpunkt für eine kalte Dusche. Das kostet zwar Überwindung, aber lohnt sich. Du bringst dein Immunsystem in Schwung und wirst hellwach. Außerdem ist kalt zu duschen eine weitere großartige Übung für deine Disziplin. Diese kannst du trainieren wie einen Muskel.

Meditation

Morgens sind deine Gedanken noch eher wirr und du hast es schwer, dich zu konzentrieren. Du kannst jetzt darauf vertrauen, dass du über den Tag schon einen Fokus bekommst, oder du kannst dafür sorgen. Mein Tipp: Nimm dir die Zeit zum Meditieren. Es sollten mindestens zehn Minuten sein, besser sind 20. Du sorgst so für Entspannung und dafür, dass du den Tag über geistig leistungsfähig bist.

Ziele aufschreiben

Nachdem du meditiert hast, bist du in der perfekten Verfassung, um dich deinem Tagesplan zu widmen. Mach dir täglich deine langfristigen Ziele bewusst und deine heutige To-do-Liste. Jetzt brauchst du den Rest des Tages nur noch abzuarbeiten.

Mein Fazit

Natürlich gibt es noch mehr, das du morgens tun kannst oder solltest, wie Wasser zu trinken, gesund zu frühstücken oder Affirmationen. Probiere aus, was für dich funktioniert, und tausch dich mit deinem Umfeld dazu aus. Wenn du gerade dabei bist, deine Morgenroutine aufzubauen, dann geh dabei am besten Schritt für Schritt vor. Integrier eine Routine nach der anderen in deinen Tagesablauf. Sonst überforderst du dich und du denkst im schlimmsten Fall, dass du es einfach nicht schaffst, früh aufzustehen.

2 Besch****** Morgenroutinen, die du besser sein lassen solltest

Wie startest du deinen Morgen? Positive Morgenroutinen sind sicher wichtig für ein gesundes und erfolgreiches Leben, doch weißt du, was noch wichtiger ist? Besch****** Morgenroutinen sein zu lassen!

Damit du gesünder und erfolgreicher wirst, musst du gar nichts tun! Im Gegenteil: Du musst aufhören, Dinge zu tun, die dir schaden. In diesem Abschnitt informiere ich dich über drei Morgenroutinen, die du besser sein lassen solltest.

Nr. 1: Social Media

Eine wirklich große Zahl an Menschen startet ihren Tag damit, noch im Bett das Smartphone in die Hand zu nehmen und sich durch Instagram/Facebook zu scrollen. Ich kenne keinen überdurchschnittlich erfolgreichen Menschen, der das auch tut!

Das Problem dabei ist: Du startest den Tag, indem du dich mit anderen Menschen vergleichst. Du machst dich direkt runter und bist dadurch demotiviert. Vergleich dich nicht mit anderen, sondern mit dir selbst von vor einem Jahr. Konzentrier dich auf deine eigenen Ziele.

Das zweite Problem: Dein Gehirn wird massenhaft mit Neuigkeiten überschüttet. Das sorgt für viele kleine Dopaminausschüttungen. Du wirst es danach schwer haben, dich lange auf eine Tätigkeit zu konzentrieren und eine Belohnung in die Zukunft zu verschieben. Ein Fokus und eine langfristige Zielsetzung sind aber extrem wichtig für deinen Erfolg – ohne das geht es nicht. Ich hoffe, ich konnte dir bewusst machen, wie schädlich es für dich ist, wenn du so deinen Tag startest.

Nr. 2: E-Mails und Textnachrichten

Viele Menschen checken morgens erst einmal ihre E-Mails und Nachrichten. Das ist eine Katastrophe, denn du widmest dich direkt der Agenda von anderen Menschen. Du reagierst auf die Impulse anderer Menschen, anstatt proaktiv zu sein und deine eigenen Ziele zu verfolgen. Vielleicht gehörst du ja zu den Menschen, die sehr gerne anderen helfen, und daher reagierst du gerne auf E-Mails. Ich rate dir dennoch, dir zumindest am Morgen ein paar Stunden nur für dich zu nehmen. Du läufst sonst Gefahr, dein ganzes Leben zu verschenken, ohne dich selbst zu verwirklichen.

Nr. 3: Ohne Sinn in den Tag

Die meisten Menschen starten in den Tag, ohne sich zu fragen: »Was will ich heute errei-chen?« Das ist der Grund, warum sie sich oft wie in einem Hamsterrad fühlen. Sie haben kein Ziel, auf das sie zusteuern, und fühlen sich antriebslos und sogar deprimiert. Ich rate dir, langfristige Ziele zu setzen und dir diese jeden Morgen anzuschauen. Überleg dir, was dein heutiges Ziel ist, um deiner großen Vision näherzukommen.

Diese Morgenroutine wird extreme Veränderungen in dein Leben bringen! Du gibst deinem Leben einen Sinn und bekommst die Kontrolle, anstatt nur darauf zu reagieren, was andere erreichen wollen.

Was du daraus lernen kannst

Also noch mal zusammengefasst, die drei Morgenroutinen, die du meiden solltest: Social Media, E-Mails und »in den Tag ohne Sinn«.

3 Wie du es schaffst, früh aufzustehen

Wann stehst du morgens auf? Vor allem: Warum stehst du zu dieser Uhrzeit auf? Weil du es für richtig hältst oder weil es später nicht geht? Durch besonders frühes Aufstehen kannst du Erstaunliches erreichen. Hier erfährst du, wie du das auch als Morgenmuffel schaffst. Viele Menschen halten es für ein Privileg, spät aufzustehen – warum ist das so? Wahrscheinlich weil sie immer früh aufstehen, weil sie zur Arbeit müssen. Vielleicht sogar zu einer Arbeit, die ihnen nicht einmal gefällt. Das Problem, wenn du möglichst spät aufstehst, ist: Du hast am Morgen keine Zeit für dich. Du tust nur das Nötigste, um nicht zu spät auf der Arbeit zu erscheinen. Dabei könntest du theoretisch morgens erst einmal meditieren, deine Ziele aufschreiben oder eine Runde Joggen gehen.

Frühes Aufstehen hat viele Vorteile

Die Wahrheit ist: Früh aufzustehen hat viele Vorteile. Auch dann, wenn du selbst bestimmst, wann du mit der Arbeit beginnst. Die meisten Menschen sind in den Morgenstunden am produktivsten. Wenn wir miterleben, wie die Nacht in den Tag übergeht, dann kommen wir in Schwung. Zum Vergleich: Wenn wir bis in den Mittag schlafen, fühlen wir uns den restlichen Tag nicht wirklich fit. Am frühen Morgen herrscht eine gewisse Ruhe, die wir dazu nutzen können, unseren Tag zu planen und uns unsere Ziele bewusst zu machen. Durch ein frühes Aufstehen bauen wir Disziplin auf. Disziplin ist einer der wichtigsten Faktoren, um erfolgreich zu sein. Wenn du diszipliniert bist, steigt dein Selbstvertrauen und du fühlst dich Herausforderungen gewachsen. Folgend erfährst du, wie du es schaffst, früh aufzustehen.

Tipp 1: Werde super fit

Je sportlicher du bist, je mehr Ausdauer und Kraft du hast, desto weniger Schlaf benötigst du. Es fällt dir entsprechend leicht, früh aufzustehen. Dein Körper kommt schneller in Fahrt und du fühlst dich nach dem Aufstehen viel weniger erschlagen. Wenn du also noch keinen Ausdauersport betreibst, empfehle ich dir diesen. Am besten, du betreibst diesen direkt nach dem Aufstehen, bevor du etwas gegessen hast. Ich verspreche dir, du wirst nach einer gewissen Zeit nicht mehr darauf verzichten wollen.

Tipp 2: Gönn dir einmal in der Woche einen Entspannungstag

Vielleicht kommt dir das übertrieben vor, aber warum nicht? Alle Hochleistungssportler lassen sich regelmäßig massieren. Das regt den Stoffwechsel an und entspannt. Dank einer Massage hast du weniger Schlaf nötig und schaffst es viel leichter, aus dem Bett zu kommen. Du kannst natürlich auch alles andere machen, bei dem du gut entspannen kannst.

Tipp 3: Änder deine Essgewohnheiten

Ich muss dir wahrscheinlich nicht erzählen, dass es besser ist, sich gesund zu ernähren. Auch wenn du dich bereits gesund ernährst, kannst du von den folgenden Tipps profitieren. Ein Tipp lautet: Iss niemals spät am Abend. Achte darauf, dass du immer zu denselben Zeiten isst. Abends solltest du spätestens um 20:00 Uhr mit dem Essen fertig sein – gerne früher. Gerade fettige Nahrung macht sich häufig in der Nacht bemerkbar, reißt dich aus dem Schlaf oder beschert dir wilde Träume. Iss außerdem kleine Portionen. Indem du mehrere kleine Portionen über den Tag verteilst zu dir nimmst, wird dein Verdauungssystem weniger belastet und dementsprechend wird auch dein Schlaf besser.

Tipp 4: Mach dir weniger Sorgen

Ich weiß, das sagt sich so leicht. Aber Sorgen rauben dir deine ganze Energie über den Tag und sie verfolgen dich bis in die Träume. Es ist nur logisch, dass es dir schwerfällt, früh aufzustehen, wenn du dir viele Sorgen machst. Um dir Pausen von deinen Sorgen zu verschaffen, schreib diese auf ein Blatt Papier. Das kannst du zu jeder Zeit tun. Besonders sinnvoll ist diese Praxis jedoch, bevor du ins Bett gehst. Schreib alles auf, was dich belastet oder geistig fordert. Es kann auch Sinn machen, deinen morgigen Tagesplan bereits am Vortag aufzuschreiben. So machst du dir in der Nacht weniger Gedanken darüber, welche Probleme am nächsten Tag noch zu lösen sind.

Tipp 5: Liebe deinen Job

Es spielt keine Rolle, ob du Büroräume putzt oder ob du die Abteilung leitest. Wenn du Spaß daran hast, was du tust, hast du auch Lust, früh aufzustehen. Du findest Spaß an deinem Job, indem du dir Ziele setzt und Verantwortung übernimmst. Ich stelle mich immer wieder Challenges, um meinen Beruf als Coach erfüllend zu gestalten. Geh also mit einem gewissen Anspruch an deine Arbeit und übernimm Verantwortung. Wenn du Verantwortung übernimmst, bedeutet das, dass du gebraucht wirst, und dadurch bist du motivierter.

4 Wie du Faulheit sofort überwindest

Faul zu sein bedeutet, nicht das zu tun, was getan werden muss. So ein Verhalten hat fatale Auswirkungen, weshalb es schnell gestoppt werden sollte. In diesem Abschnitt liest du, wie du deine Faulheit überwinden und fleißiger werden kannst.

Tipp 1: Mach dir einen konkreten Plan

Der Grund dafür ist ganz einfach: Wenn du keinen Plan hast, bist du verwirrt. Du kommst nicht in die Umsetzung, da du nicht weißt, welcher dein nächster Schritt sein soll. Sorg also dafür, dass Klarheit in deinem Kopf herrscht. Das schaffst du, indem du einen Plan erstellst. Schreib eine Schritt-für-Schritt-Anleitung, die es dir so einfach wie möglich macht, dein Ziel zu erreichen. Alles, was du jetzt noch tun musst, ist, den nächsten Schritt zu gehen, und das ist keine große Sache. Du kannst deine Faulheit leicht überwinden.

Tipp 2: Mach dir die negativen Konsequenzen deiner Faulheit bewusst

Ich glaube, wir sind uns darüber einig, dass wenn dich jemand mit der Pistole bedrohen würde, du sofort bereit wärst, von der Couch aufzuspringen und eine Runde um den Block zu rennen. Das bedeutet: es geht. Du kannst dich jederzeit dazu entscheiden, aktiv zu werden, wenn du nur einen ausreichend drängenden Grund hast. Und der böse Mann mit der Pistole ist in Wirklichkeit auch immer da, du siehst ihn nur nicht bzw. ignorierst ihn. Denn wenn du zum Beispiel keinen Sport machst, können die Auswirkungen tatsächlich lebensbedrohlich sein. Genau das – die negativen Konsequenzen – musst du dir bewusst machen, damit du den Antrieb besitzt, deine Faulheit zu überwinden. Faktisch ist es so, dass jedes Mal, wenn du nicht das tust, von dem du weißt, dass es richtig ist, du in deinem Selbstbild gekränkt wirst. Du kannst dich immer weniger leiden und hörst auf, in dich zu investieren. Das wirkt sich negativ auf deine Finanzen, deine Gesundheit, deine Familie, auf dein ganzes Leben aus. Wenn du ehrlich zu dir bist, weißt du, dass du nicht die Wahl hast, faul zu sein, denn deine Faulheit wird dich komplett ruinieren. Mach dir das bewusst, um deine Faulheit zu überwinden.

5 Sich Ziele zu setzen = Schwachsinn?!

In letzter Zeit sind meinem Team und mir mehrere YouTube-Videos aufgefallen, in denen behauptet wird, dass es falsch sei, sich Ziele zu setzen. Da sich gerade zum Jahreswechsel Menschen häufig auch privat mit Zielen beschäftigen, ich mir immer wieder bewusst Ziele setze und sogar anderen Menschen helfe, ihre Ziele zu erreichen, will ich jetzt zu diesem Thema Stellung nehmen.

These 1: Ziele kommen nicht von Herzen

Lass uns gemeinsam einige der Kritikpunkte anschauen, die wir im Internet in Bezug auf Ziele gefunden haben. Der erste Kritikpunkt lautet: Ziele kommen vom Verstand, nicht von Herzen, und machen darum nicht glücklich. Und das stimmt! Ziele werden rational und analytisch gesetzt und müssen nicht zwingend mit dem übereinstimmen, was dein Herz dir rät. Zum Beispiel nehmen sich viele Unternehmen vor, jährlich 10 % mehr Umsatz zu generieren. Dieses Ziel macht Sinn, hat aber nichts mit dem Herzen zu tun – es macht auch nicht glücklich. Was kannst du daraus lernen?

Setz dir Ziele, die du von Herzen gerne erreichen willst. Warum solltest du dich gegen dein Herz entscheiden? Du kannst beides haben! Ziele motivieren dich gerade dann, wenn du positive Gefühle mit dem Erreichen verbindest. Wenn du dein Ziel dann endlich erreicht hast, bist du dann für immer glücklich?

Natürlich nicht! Denn dein Ziel ersetzt nicht deine Lebensvision, und damit sind wir bei Kritikpunkt Nr. 2.

These 2: Vision ist wichtiger als Ziel

Manche behaupten, man solle sich keine Ziele setzen, sondern einer Vision folgen. Wer das behauptet, hat den Zweck von Zielen wahrscheinlich nicht verstanden. Viele Menschen haben eine Vision davon, wie ihr Traumleben aussieht. Diese Vision führt jedoch meistens nicht dazu, dass jemand seinen Traum wahr werden lässt. Genau dafür gibt es die Ziele.

Ein Beispiel: Deine Vision ist, ein Mensch zu sein, der sich so liebt wie er ist. Dann solltest du dir überlegen: Was muss passieren, dass du so ein Mensch wirst? Wenn du das weißt, entstehen konkrete Ziele. Zum Beispiel könntest du dir das Ziel setzen, dich nicht mehr selbst runterzumachen, nicht mehr zu rauchen, dich gesünder zu ernähren, besser mit deinen Mitmenschen umzugehen, disziplinierter zu werden, dir mehr Ruhezeiten zu gönnen. Diese Ziele würden dazu beitragen, dass du eine harmonische Beziehung mit dir selbst führst – dich so liebst, wie du bist. Deine Ziele machen deine Vision konkret und erreichbar. Entscheide dich also nicht für das Eine oder das Andere. Nutz deine Vision als Orientierung, wo du hin willst, wie einen Stern am Himmel, und bau dir ein Navigationssystem aus Zielen, um wirklich voranzukommen.

These 3: Ziele führen zum Burn-out

Kritikpunkt Nr. 3 lautet: Ziele erzeugen Druck und führen daher in den Burn-out. Eine Sache ist wahr: Ziele erzeugen Druck! Das ist auch der Sinn eines Ziels, denn Druck bringt dich in die Umsetzung. Ist Druck etwas Schlechtes? Nein.

Druck bringt dich in Bewegung. Ein Leben ohne Druck wäre langweilig und würde in den sogenannten Bore-out führen. Es gibt Menschen, die haben zu wenig Stress im Leben und erkranken sogar daran. Gibt es auch zu viel Druck? Natürlich! Wenn dein Ziel dir nicht mehr dient, sondern du dem Ziel, dann machst du dich kaputt. Daher musst du dir deine Ziele sinnvoll setzen. Dein Ziel könnte ja sein, gesünder oder weniger gestresst zu sein. Dein Ziel kann dich also vor der Überforderung, vor dem Burn-out, schützen. Achte also immer darauf, was dein Körper dir sagt, und überprüf deine Ziele darauf, ob sie in deiner jetzigen Lebenssituation noch Sinn ergeben.

These 4: Ziele schwächen dein Selbstwertgefühl

Kritikpunkt Nr. 4 lautet: Ziele schwächen dein Selbstwertgefühl. Hier besteht tatsächlich eine Gefahr. Wenn du dir Ziele setzt, wird dir bewusst, was du noch nicht erreicht hast. Es besteht die Gefahr, dass du dich dadurch minderwertig fühlst. Muss das so sein? Nein! Manche fühlen sich sogar im Selbstwert bestätigt, allein weil sie Ziele verfolgen. Andere nutzen das Gefühl der Minderwertigkeit, um Druck aufzubauen und in Bewegung zu kommen. Ich halte es für wichtig, sich auf dem Weg zum Ziel wertzuschätzen und immer dankbar dafür zu sein, was man bereits hat. Je dankbarer du für dein Leben bist, desto mehr Freude hast du dabei, noch mehr zu erreichen. Achte also immer darauf, dass du dich nicht runtermachst, auch dann nicht, wenn du dein Ziel nicht erreichst.

Übe dich darin, dankbar zu sein, indem du dir jeden Tag die Zeit nimmst, aufzulisten, welche Geschenke dir das Leben bereits gemacht hat. Du kannst dich bewegen, du hast deine Sinne, du hast deine Familie, Freunde, gutes Essen, Musik, Bücher, die Natur … Mach diese Übung am besten schriftlich.

6   Bist du den ganzen Tag über müde?

Wenn du dich täglich müde, schlapp und unfit fühlst, können deine Ziele noch so groß sein, du bist nicht wirklich motiviert. Deine Abgeschlagenheit führt zu Konzentrationsschwäche und du benötigst für Aufgaben wesentlich mehr Zeit. Aus diesem Grund erfährst du jetzt, wie du fitter und wacher werden kannst.

Kennst du das? Du hast große Ziele, willst viel erreichen und weißt genau, was du zu tun hast. Leider fühlst du dich jedoch ständig müde und erledigst nur die Hälfte. Was du gegen deine Müdigkeit tun kannst, erfährst du jetzt:

Kennst du diese Menschen, die schon am Morgen topfit wirken? Sie haben einen klaren Blick, eine klare Sprache und ihr Gehirn ist leistungsfähig. Vielleicht wärst du auch gerne einer dieser Menschen. Vielleicht fühlst du dich jedoch den Tag über völlig verpeilt, weil du einfach nicht richtig wach wirst. Das Problem ist: Wenn du ständig müde bist, erledigst du deine Aufgaben nicht nur langsamer, sondern auch schlechter. Du hast also keine Chance, deine Aufgaben effizient zu lösen und dir so Freizeit zu verschaffen.

Sicher kennst du bereits die meisten guten Ratschläge, um den Tag über fitter zu sein. Vielleicht hast du auch schon einiges ausprobiert. Folgend erhältst du jedoch ein paar Tipps und Hinweise, die du wahrscheinlich noch nicht kennst.

Schlafzyklen

In der Nacht durchlebt ein gesunder Mensch zwischen vier und sieben Schlafzyklen. Diese dauern jeweils im Durchschnitt ca. 90 Minuten an. Was wichtig ist: Normalerweise wachen wir am Ende eines Schlafzyklus auf. So war das, als wir noch keine Wecker hatten, die uns aus dem Schlaf rissen. Unsere Wecker reißen uns heute jedoch aus dem Schlaf, egal, an welcher Stelle des Schlafzyklus wir uns befinden. Das führt leider oft dazu, dass wir uns morgens im Zombie-Modus befinden. Wenn du nur sechs Stunden schläfst, aber zum richtigen Zeitpunkt aufwachst, bist du fitter, als wenn du neun Stunden schläfst und aus dem Schlafzyklus gerissen wirst. Wie kannst du diese Erkenntnis für dich nutzen?

Mein Tipp: Geh immer zur selben Zeit ins Bett und teste, wann genau du aufwachen willst. Wann wirst du nicht aus dem Schlaf GERISSEN? Pass deinen Wecker an diese Uhrzeit an. Wenn es dir so geht, dass du immer schon ein paar Minuten vor deinem Wecker wach bist, ist das ein gutes Zeichen.

Früh ins Bett gehen

Vielleicht gehörst du zu den Menschen, die Schwierigkeiten damit haben, früh ins Bett zu gehen. Auslöser für dieses Problem ist meist ein Faktor:

Am Abend ist unsere Disziplin aufgebraucht. Wir lassen uns dann gerne verführen. Vielleicht sitzt du abends noch lange an deinem Computer, schaust dir Videos an oder machst sonst etwas, das dich unterhält. Hier passiert es schnell, dass du immer NOCH ein Video anklicken willst. Wenn du gerne Serien schaust, dann passiert es leicht am Abend, dass du NOCH eine Folge mehr schaust. Es macht Sinn, hier auf schnelles Vergnügen zu verzichten und dich dadurch den ganzen nächsten Tag über grundlegend besser zu fühlen.

Mein Tipp: Leg eine bestimmte Zeit fest, ab der dein Laptop und dein Smartphone aus sind. Nutz diese Zeit am Abend zum Beispiel noch, um zu lesen. So bildest du dich regelmäßig weiter. Lesen strengt dich an und verleitet dich nicht dazu, bis tief in die Nacht wach zu bleiben.

Spazieren gehen

Vielleicht gehörst du auch zu den Menschen, die immer pünktlich ins Bett gehen und aufstehen. Vielleicht gehst du sogar jeden Morgen eine Runde joggen und kalt duschen. Dann startest du optimal in den Tag und fühlst dich auch entsprechend. Dennoch kann es sein, dass du im Laufe des Tages wieder müde wirst. Gerade nach dem Mittagessen, wenn dein Darm einen Großteil der Energie verbraucht. Hier hilft es, dein Morgenprogramm in abgeschwächter Version zu wiederholen. Sorg dafür, dass du in Bewegung kommst. Das ist gerade dann wichtig, wenn du am PC arbeitest. Geh zum Beispiel eine große Runde spazieren. Falls du ein schlechtes Gewissen hast, wenn du mit deiner Arbeit pausierst, mach dir Folgendes bewusst:

Steve Jobs hat früher Spaziergänge gemacht, die mehrere Stunden dauerten. Er hielt diese Praxis für extrem wirksam, um effizient denken zu können. Wenn du dir die Zeit nimmst, um zu spazieren, bist du danach viel produktiver und hast am Ende Zeit gespart. Deine Haut kommt mit der Sonne in Kontakt, was deinen Vitamin-D-Haushalt auflädt. Ein Vitamin-D-Mangel kann Auslöser für chronische Müdigkeit sein. Wenn du darunter leidest, kann es Sinn machen, dich auf Vitamin-D-Mangel testen zu lassen.

Auf Kaffee verzichten

Der letzte Punkt, den ich ansprechen möchte, lautet Kaffee. Ich will Kaffee nicht verteufeln, denn er hat auch positive Eigenschaften. Doch das Problem mit Kaffee ist: Jedes Mal, wenn seine Wirkung nachlässt, kommst du in ein Tief. Daher bekommst du das Verlangen nach neuem Kaffee. Über die Zeit brauchst du immer mehr davon, weil sich dein Körper an das Koffein gewöhnt. Du trinkst also ständig Kaffee und fühlst dich dennoch nicht nachhaltig wach. Trinkst du bis in den Abend hinein, schläfst du schlecht und bist am nächsten Tag umso müder.

Mein Tipp: Versuch, von Kaffee loszukommen. Da das schwer sein kann, steig zunächst auf Tee um. Eine Tasse Tee enthält weniger Koffein als eine Tasse Kaffee. Zudem rate ich dir dazu, ausreichend Wasser zu trinken. Am einfachsten ist, du hast den ganzen Tag über Wasser griffbereit. Ohne ausreichend Wasser kannst du dich unmöglich fit fühlen.

7 Lernmotivation: Wie du schneller lernst

Da du in der Lage bist, dir fast jede Fähigkeit anzueignen, kannst du selbst höchste Ziele erreichen. In diesem Abschnitt erkläre ich dir, wie du möglichst effektiv und schnell lernst und wie du dich zum Lernen motivierst.

Warum du dich mit dem Lernen schwertust

Wenn du dich damit schwertust, dir neue Fähigkeiten anzueignen, liegt das vielleicht daran, dass dir das »Warum« fehlt. Jeder würde gerne viele Sprachen sprechen, sich mit Business auskennen, Künstler sein und so weiter. Wenn du zum Beispiel Französisch lernen möchtest, einfach, weil dir die Sprache gefällt, fehlt es dir an Motivation. Anders ist das, wenn du in sechs Monaten nach Paris ziehst – dann bist du motiviert! Das liegt daran, dass du einen starken Grund hast, diese Sprache zu lernen.

Tipp 1: Setz dir ein Ziel

Tipp 1 lautet: Setz dir ein Ziel, das dich auch wirklich motiviert. Wenn du ein Instrument spielen möchtest, dann überleg dir, worauf du hinarbeitest. Zum Beispiel darauf, dass du ein ganz konkretes Lied spielen kannst, das dir gut gefällt. Überleg dir, wann du was können möchtest. Je mehr dir das Ziel gefällt und je früher der Termin ist, desto schneller wirst du lernen.

Tipp 2: Spring ins kalte Wasser

Tipp 2 lautet: Spring ins kalte Wasser. Du lernst dann am schnellsten, wenn du gar keine andere Wahl hast. Angenommen, du willst dich selbstständig machen und eigene Kunden zufriedenstellen. Dann kannst du dich lange informieren, was das Problem deiner Zielgruppe ist und mit welchen Methoden du ihnen theoretisch helfen kannst. Oder du besorgst dir direkt Kunden, verlangst direkt Geld und bist dann gezwungen, alles zu lernen, was du brauchst, um den Kunden glücklich zu machen. Ein anderes Beispiel: Du meldest dich bei einem Marathon an. Dann zwingst du dich dazu, zu lernen, wie du Ausdauer aufbaust. Der Trick ist, dich bereits dazu zu verpflichten, etwas zu beherrschen, sodass du es lernen musst.

Tipp 3: Such dir einen Mentor

Wenn du etwas Neues können möchtest, dann ist es nur logisch, dass du dir jemanden suchst, der es bereits kann. Je näher du mit dieser Person in Kontakt kommst, desto schneller lernst du deine neue Fähigkeit. Falls der direkte Kontakt nicht möglich ist, hast du immer noch Bücher, Videos etc. Achte dabei darauf, dass du dich nur an Menschen hältst, die nachweislich das erreicht haben, was du erreichen willst.

Tipp 4: Üben

Mein letzter Tipp ist vielleicht am unbequemsten, aber unumgänglich. Wenn du eine Sache wirklich gut beherrschen willst, dann musst du üben. Am besten täglich. Weil du dich dazu aufraffen musst, ist es so wichtig, dass du dir ein attraktives Ziel setzt.

8   Prokrastination überwinden: Was dir keiner darüber sagt!

Was ist Prokrastination?

Während du dieses Buch liest, solltest du wahrscheinlich gerade etwas anderes tun. Du hast eine Aufgabe vor dir, die du nicht angehen willst, und daher verschiebst du sie in die Zukunft. Das ist gemeint mit Prokrastination.

Was du hier nicht bekommst

Wenn du andere Beiträge zu diesem Thema siehst, bekommst du irgendwelche Zeitmanagement-Tipps oder Tricks, um dich in die Umsetzung zu zwingen. Darum soll es hier nicht gehen. Ich will mit dir mal so richtig in die Tiefe gehen und analysieren, was wirklich dein Problem ist. Wenn du Aufgaben in die Zukunft verschiebst, hat das wahrscheinlich einen der drei folgenden Gründe:

Die Aufgabe ist weder dringend noch wichtig.
Die Aufgabe ist zwar dringend, aber sinnlos.
Die Aufgabe ist dringend und sinnvoll, aber deine Disziplin ist eine Katastrophe.

Grund 1: Die Aufgabe ist weder dringend noch wichtig

Im ersten Fall, deine Aufgabe ist weder dringend noch wichtig, ist die Lösung klar: Schieb einfach weiter auf. Solange es keinen guten Grund gibt, die Aufgabe zu erledigen, wirst du dich auch nicht dazu motivieren können.

Grund 2: Die Aufgabe ist dringend, aber sinnlos

In Fall Nr. 2 ist die Aufgabe zwar dringend, aber sinnlos. Ich glaube, dieser Fall trifft meistens zu. Es ist so: Prokrastination ist etwas, das vor allem unter Studenten auftritt. Gerade unter Selbstständigen und Unternehmern ist das kaum ein Thema. Wenn ich Kunden habe, dann muss ich abliefern. Das macht Sinn, denn so wächst mein Unternehmen und so verdiene ich Geld. Aber Studenten müssen ständig irgendetwas lernen und Referate schreiben, die mit dem echten Leben kaum etwas zu tun haben. Sie lösen keine Probleme im echten Leben, sondern theoretische Aufgaben, und wissen dabei, dass sie das meiste bald eh wieder vergessen und nie wieder brauchen. Wenn dir dein Studium sinnlos vorkommt, dann wirst du nie Bock darauf haben, deine Bachelorarbeit oder sonst was zu schreiben. Also entweder schiebst du einfach auf, bis der Druck groß genug ist, oder du wirst disziplinierter. Darum geht es im dritten Fall.

Grund 3: Die Aufgabe ist dringend und sinnvoll

Angenommen, du hast eine Aufgabe vor dir, die du als sinnvoll empfindest und die sogar dringend ist, aber du kannst dich nicht dazu aufraffen. Dann hast du eindeutig ein Problem mit deiner Disziplin. In diesem Fall musst du deinen Umsetzungsmuskel trainieren, sonst leiden darunter alle deine Lebensbereiche. Lern, Dinge umzusetzen, auch wenn sich das unangenehm anfühlt. Du musst nicht erst motiviert sein, um ins Handeln zu kommen. Handle einfach und gewöhn dich daran.

Fazit

Ein kurzes Fazit: Wie gesagt glaube ich, dass das Thema Prokrastination erst durch die Studenten so groß geworden ist. Wenn dein Studium gar nicht Teil eines Ziels ist, das du wirklich attraktiv findest und das dich motiviert, dann solltest du vielleicht aufhören, zu studieren. Wenn das Studium notwendig ist, damit du dahin kommst, wo du hinwillst, dann zieh das irgendwie durch. Wenn du dabei ständig aufschiebst, hast du kein psychisches Problem. Die Aufgaben erscheinen deinem Gehirn einfach als nicht sehr sinnvoll.

9 Gewohnheiten für mehr Motivation im Leben

Wie dein Leben verläuft, wird zu einem Großteil von deinen Gewohnheiten bestimmt. Darum ist es extrem wichtig, gute Gewohnheiten in dein Leben zu integrieren und schlechte Gewohnheiten abzulegen. Welche Gewohnheiten dazu führen, dass du grundlegend motivierter bist im Leben und Ziele leichter erreichst, zeige ich in diesem Abschnitt.

Gewohnheit 1: Bewegung

Gewohnheit Nr. 1 lautet: körperliche Bewegung. Dein Körper ist dazu geschaffen, sich zu bewegen und Widrigkeiten zu überwinden. Deine Arme sind dafür gemacht, Dinge zu bewegen. Deine Beine stemmen dich nach oben, entgegen der Erdanziehung. Belastung ist also für deinen Körper etwas Natürliches. Wenn du deinen Körper nicht belastest, dich nicht bewegst, wird er müde und schlapp. Daher gilt für jeden Menschen: tägliche Bewegung ist Pflicht. Wenn du völlig unsportlich bist, mach zumindest einen Spaziergang.

Gewohnheit 2: Die richtigen Bücher lesen

Gewohnheit Nr. 2 lautet: Die richtigen Bücher lesen. Was meine ich mit richtigen Büchern? Damit meine ich die Bücher, die dich von einem besseren Leben träumen lassen. Für manche sind das Erfolgsratgeber, für andere Biografien oder Romane. Wichtig ist nur, dass du dir so regelmäßig bewusst machst, dass da noch gigantisches Potenzial in deinem Leben steckt.

Gewohnheit 3: Mach dir deine Werte bewusst

Gewohnheit Nr. 3 lautet: Mach dir deine Werte bewusst. Das machst du, indem du einen Text schreibst, in dem steht, was für ein Mensch du sein willst. Diesen Text liest du täglich durch und nicht nur das: Du optimierst ihn immer weiter. Irgendwann hast du fünf bis sechs Sätze, die sich für dich genau richtig anfühlen. Und diese Sätze liest du weiterhin täglich. So hast du ein Gefühl dafür, wer du bist, und du triffst bessere Herzensentscheidungen. Du lässt dich weniger manipulieren und richtest dein Leben danach aus, was du für richtig hältst.

Gewohnheit 4: Ziele setzen

Gewohnheit Nr. 4 lautet: Setz dir konkrete Ziele. Gewöhn dir an, dir schriftlich Ziele zu setzen, die dich motivieren. Überleg dir, wann du diese Ziele erreicht haben willst und mach sie dir täglich bewusst. So bestimmst du den Kurs in deinem Leben. Du steuerst immer darauf zu, was du auch wirklich haben willst, und bist folglich motiviert.

Gewohnheit 5: Genieß das Leben

Gewohnheit Nr. 5 lautet: Genieß das Leben. Die Wahrheit ist: Du kannst dich in jeder Sekunde deines Lebens dazu entscheiden, es zu genießen. Wir machen das so selten, da wir ständig irgendwelche Probleme lösen. Aber nur Probleme zu lösen wird auf Dauer demotivierend. Also entschließ dich täglich dazu, etwas zu genießen. Was das ist, überlasse ich dir, aber sei dabei möglichst im Hier und Jetzt und nimm wahr, was passiert.

10 Wie du Dinge umsetzt trotz 0 % Motivation

Wenn dir die Motivation zum Lernen, Arbeiten oder Umsetzen fehlt, gibt es eine Reihe von Tricks, dank derer du dein Ziel dennoch erreichst.

Dinge schlichtweg umzusetzen, ist die wahrscheinlich beste Methode, um große Erfolge zu erzielen und mehr Zeit für dich zu haben. Egal, wohin du im Leben willst, du wirst dafür immer einen bestimmten Plan abarbeiten müssen, und der beinhaltet auch Dinge, auf die du keinen Bock hast. Je gewohnter du es jedoch bist, Anstrengungen auf dich zu nehmen, desto leichter fällt dir das Umsetzen. Um deine Umsetzungskraft also ganz grundsätzlich zu steigern, rate ich dir, dir Stück für Stück ein hohes Maß an Disziplin aufzubauen. **Disziplin** ist das, was dich langfristig am erfolgreichsten macht. Die folgenden Tipps beziehen sich aber darauf, was du sofort in einer Situation tun kannst, in der es dir sehr schwerfällt, etwas umzusetzen, obwohl es notwendig ist.

Tipp 1: Spazieren gehen

Angenommen, du kannst dich wirklich nicht dazu aufraffen, etwas zu erledigen, dann lautet mein erster Tipp: Geh erst einmal spazieren. Das macht vor allem dann Sinn, wenn deine Aufgabe eine kognitive ist. Durch die Bewegung, die frische Luft und die Sonne kommt dein Geist wieder in Schwung. Es ist belegt, dass es einen Zusammenhang zwischen körperlicher Fitness und geistiger Fitness gibt. Wenn du spazieren gehst, verausgabst du dich nicht völlig, sondern kannst danach deine Aufgaben noch mal mit frischem Kopf angehen. Natürlich kostet dich das **Zeit**, doch das ist immer noch besser, als etwas gar nicht zu machen. Außerdem kann Bewegung derart anregend sein, dass du deine Aufgaben danach in der Hälfte der Zeit erledigst.

Tipp 2: Mach ein bisschen

Tipp Nr. 2 lautet: Mach wenigstens ein bisschen. Was dich daran hindert, loszulegen, ist unter anderem, dass du die Aufgabe in deinem Kopf größer machst, als sie ist. Du hast das Gefühl, Berge versetzen zu müssen. Sicher hast du es schon einmal erlebt, dass du dich lange vor etwas gedrückt hast und als du es dann getan hast, dachtest du dir: »Wo war das Problem?« Wenn du dich nicht aufraffen kannst, sag dir also: »Okay, dann mache ich das, aber nur fünf Minuten lang.« Du machst also nur ein bisschen und ein bisschen ist ja nicht viel. Die Wahrscheinlichkeit steht gut, dass aus fünf Minuten doch eine Stunde wird, da du merkst, dass es gar nicht so schlimm ist.

Tipp 3: Formulier einen konkreten Schritt

Tipp Nr. 3 lautet: Formulier einen konkreten Schritt. Wie gesagt kann dich eine Aufgabe als Ganzes überwältigen. Brich deine Aufgabe daher runter auf den nächsten Schritt. Welche Sache muss als Nächstes getan werden? Formulier diese in klaren Worten auf einem Blatt Papier. Jetzt hast du den richtigen **Fokus** und du überforderst dich nicht. Setz diesen einen Schritt um und schau dann weiter.

Tipp 4: Räum deinen Arbeitsplatz auf

Tipp 4 lautet: Räum deinen Arbeitsplatz auf. Das klingt schon fast wie eine Ablenkung, kann aber wirklich funktionieren. Dein Geist arbeitet einfach besser in einem geordneten Umfeld. Ablenkung ist heutzutage dein größter Feind, wenn es darum geht, produktiv zu sein. Das Aufräumen bringt zudem deinen Körper in Schwung und macht dich dadurch – ähnlich wie das Spazieren – geistig fit. Probiere es also aus und halt deinen Arbeitsplatz ordentlich.

Tipp 5: Wenig Aufwand

Tipp 5 lautet: Mach deine Aufgabe, aber gib dir dabei keine große Mühe. Das geht natürlich nicht immer, aber viele Aufgaben kannst du auch erst einmal in mangelhafter Ausgabe erledigen und später optimieren. Das gilt zum Beispiel dann, wenn du einen Text schreibst. Gib dir erst einmal keine Mühe, sondern schreib einfach das hin, was dir einfällt. So hast du das weiße Papier überwunden und später siehst du ganz deutlich, was funktioniert und was nicht. Du musst jetzt noch ein zweites Mal ran, aber das ist oft besser, als gar nichts zu machen.

11 Motivation: Fünf Hebel, die dich motivieren

Hast du ein Ziel vor Augen, aber dir fehlt die Motivation, um in die Umsetzung zu kommen? In diesem Abschnitt informiere ich dich über die fünf stärksten Hebel, mit denen du motivierter wirst und bleibst.

Faktor 1: Ein klares Ziel

Um dich zu motivieren, brauchst du ein klares Ziel. Wenn du bereits ein Ziel hast und dich das nicht motiviert, kann das folgende Gründe haben: Vielleicht ist dein Ziel noch nicht klar genug? Angenommen, du willst abnehmen, dann sollte dein Ziel nicht einfach Abnehmen sein. Dann sollte es eine bestimmte Kilozahl oder Kleidergröße sein. Wenn du ein klares Ziel hast und es dich nicht motiviert, ist es vielleicht das falsche Ziel. Vielleicht willst du die Beförderung ja gar nicht, sondern denkst nur, das müsste so sein.

Oder vielleicht willst du gar nicht mit 100 Frauen schlafen, sondern in einer echten Beziehung ankommen? Vielleicht ist dein Ziel aber auch zu klein? Du solltest ein Ziel wählen, das dich aus deiner Komfortzone lockt. Es muss so groß sein, dass es dich anzieht. Wenn du ein Ziel gefunden hast, das dich auch wirklich emotional berührt, wird dein Gehirn stimuliert und will es erreichen.

Faktor 2: Deine Erwartung

Faktor 2 für deine Motivation ist deine Erwartung. Wenn du dir denkst: »Das klappt wahrscheinlich eh nicht«, wie motiviert sollst du da sein? Vor Kurzem bin ich einen Marathon in Sibirien gelaufen und das bei minus 15 Grad und nur in Shorts. Und ich muss sagen: »Es war keine große Herausforderung.« Warum? Weil ich davon ausgegangen bin, dass ich das locker durchmarschiere und ich auch nicht frieren werde. Genauso war es dann auch und so ist es meistens. Geh also davon aus, dass du es schaffst.

Faktor 3: Fokus

Faktor 3 für die Motivation lautet Fokus, und dabei schwächeln viele. Du bist einfach nicht motiviert, wenn du ständig abgelenkt bist. Wenn du ein großes Ziel erreichen willst, dann block dir dafür Zeit und schotte jede Ablenkung von dir ab.

Faktor 4: Dein Umfeld

Der vierte Faktor für deine Motivation ist dein Umfeld. Wenn du große Veränderungen in deinem Leben willst, musst du dich wahrscheinlich von manchen Menschen trennen. Spätestens dann, wenn Menschen dich bewusst oder unbewusst sabotieren. Angenommen, du willst abnehmen, beginnst mit Sport oder willst deine Karriere vorantreiben, dann fällst du aus deiner alten Rolle, und das wird manche verunsichern. Das kann dazu führen, dass man dir deine Ziele ausreden will. Such dir Menschen, die sich mit dir freuen, wenn du deine Ziele erreichst und selbst Ziele verfolgen.

Faktor 5: Umsetzung

Faktor 5 für deine Motivation ist die Umsetzung. Du denkst vielleicht: »Mit der Umsetzung beginne ich, wenn ich motiviert bin«, doch genau das ist der Fehler. Wenn du beginnst, dich tatkräftig auf den Weg zu machen, baust du Momentum (Schwung) auf. Du sammelst erste Erfolgserlebnisse und weitere Herausforderungen werden leichter. Genau das motiviert dich. Die Umsetzung ist der vielleicht wichtigste Hebel, denn du kannst jedes Ziel erreichen, wenn du das Notwendige dafür tust.

12 Was dich in Wahrheit motiviert ...

Kennst du das? Du nimmst dir vor, etwas an deinem Leben positiv zu verändern. Eine kurze Zeit funktioniert das auch, doch dann fehlt dir die Motivation und alles ist wieder beim alten. So geht es den meisten. Folgend erfährst du, wie Motivation auf fundamentaler Ebene funktioniert und du sie für dich nutzen kannst.

Nur wenn du auch wirklich Dinge umsetzt, bist du im Leben erfolgreich. Je motivierter du bist, desto leichter fällt dir die Umsetzung. Bist du unmotiviert, fällt es dir sehr schwer, zu handeln, und der Erfolg bleibt aus.

Freude und Schmerz

Sicher hast du bereits verstanden, was du umsetzen solltest. Du weißt zum Beispiel, dass du mehr Sport machen, gesünder essen oder weniger Zeit verschwenden solltest. Das Verstehen allein motiviert dich jedoch noch nicht. Was du in Wahrheit brauchst, um motiviert zu sein, sind Emotionen. Bei der Motivation geht es um Gefühle, und zwar um deine Freude und deinen Schmerz. Lass mich zuerst näher auf die Freude eingehen.

Freude

Erinnere dich daran, als du ein Kind warst. Es ist Dezember und du bist den ganzen Monat lang aufgeregt, weil du dich so auf Weihnachten freust. Am Abend vor Weihnachten bist du so voller Energie, dass du kaum schlafen kannst. In diesem Beispiel ist die Freude auf Weihnachten die Motivation, die dich antreibt. Auch als erwachsene Person kann es dir noch passieren, dass du vor Motivation kaum schlafen kannst, wenn ein Ereignis vor dir liegt, auf das du dich so richtig freust. Das Problem ist nur, dass wir an solch schöne Ereignisse kaum noch denken. Sehr motivierte Menschen haben hingegen nie aufgehört, zu träumen. Sie träumen jeden Tag von einem Leben, das sie lieben. Genau das solltest du auch tun. Beim Träumen geht es nicht darum, wie ein Zustand zu erreichen ist. Es geht lediglich darum, dir ein Bild davon zu machen, wie dein Leben in Zukunft aussehen soll. Wenn du dich auf deine Zukunft freust, nimmst du die Anstrengungen des Alltags gerne in Kauf. Erlaub dir also, groß zu träumen, und zieh daraus deine Motivation. Wenn du mit einer neuen Tätigkeit beginnst, definier für dich, wohin dich diese Tätigkeit bringen soll. Welches positive Gefühl verbindest du mit dieser Tätigkeit? Wenn du etwas rein aus Vernunft tust, wirst du es nicht lange machen.

Schmerz

Das zweite Gefühl, das dich motiviert, ist dein Schmerz. Dieses Gefühl motiviert dich sogar noch mehr als deine Freude. Am besten ist natürlich immer, du verbindest beide Gefühle mit einer Tätigkeit bzw. einem Ziel. Ein Beispiel: Du hast so lange keinen Sport mehr gemacht, dass du dich wie ein Sack fühlst. Du merkst, wie deine Muskeln abbauen, und du schämst dich für deinen Mangel an Disziplin. Der Schmerz, den du jetzt spürst, ist deine beste Motivation, wieder regelmäßig Sport zu treiben. Um richtig in Fahrt zu kommen, machst du dir zusätzlich bewusst, wie geil es sein wird, wenn du endlich wieder fit bist und dich in deinem Körper wohlfühlst. Je größer dein Schmerz ist, desto größer ist deine Motivation. Viele erfolgreiche Menschen waren an einem Punkt in ihrem Leben ganz am Boden, bevor sie die richtige Motivation fanden, das Bestmögliche aus sich und ihrem Leben zu machen.

13 Motivationslosigkeit überwinden in drei einfachen Schritten

Steckst du gerade in einem Motivationsloch? So ein Zustand kann chronisch werden und ist ein Signal, etwas in deinem Leben zu ändern. Das Gute: Du kannst deine Motivationslosigkeit überwinden, indem du die folgenden drei Schritte befolgst.

Schritt 1: Setz dir ein Ziel

Wenn du an Motivationslosigkeit leidest, solltest du überprüfen, ob du ein attraktives Ziel hast. Wenn das nicht so ist, kannst du auch nicht motiviert sein. Dein Körper wird nie bereit sein, Anstrengungen auf sich zu nehmen, wenn er nicht glaubt, dass es sich lohnt. Setz dir daher ein Ziel, das so attraktiv ist, dass sich die Anstrengung lohnt. Vielleicht reicht es dir auch schon aus, dir dein Ziel einmal bewusst zu machen. Manchmal arbeiten wir einfach nur noch unsere Aufgabenliste ab und vergessen dabei, wozu wir das überhaupt machen. Wenn du dir den Sinn hinter deiner Aufgabe bewusst machst, kommst du viel einfacher in die Gänge – probiere es aus.

Schritt 2: Komm in Bewegung

Im zweiten Schritt solltest du dafür sorgen, dass du in Bewegung kommst. Wenn du gerade in einem großen Motivationsloch steckst, ist es für dich vielleicht zu viel, täglich Sport zu treiben. Aber du kannst dich in jedem Fall bewegen, zum Beispiel spazieren gehen. Vielleicht hast du schon einmal ein Auto angeschoben. Dann weißt du, wie viel Kraft es am Anfang benötigt, um das Ding ins Rollen zu kriegen. Sobald das Auto jedoch rollt, kannst du sogar losrennen. Du hast Momentum aufgebaut. Bau Momentum in deinem Alltag auf, indem du deinen Körper in Bewegung bringst. Dann sind auch größere Aufgaben leichter zu meistern. Du kannst auch Momentum aufbauen, indem du schon mal einen kleinen einfachen Teil einer Aufgabe erledigst. Sobald du in Schwung bist, schaffst du auch mehr.

Schritt 3: Was zieht dich runter?

Mit den ersten beiden Schritten schaffst du es, schon heute motivierter zu werden. Im dritten Schritt solltest du jedoch grundlegend über dein Leben nachdenken. Was machst du in deinem Leben, was dir Energie raubt und dich runterzieht? Geh dabei wirklich davon aus, dass das Problem bei dir liegt und übernimm Verantwortung. Solange du deinen Chef, deinen Job, deine Mitmenschen dafür verantwortlich machst, dass du down bist, kannst du nichts ändern. Hinterfrag dich kritisch und streich dann alles aus deinem Leben, das dich daran hindert, nach vorne zu kommen. Wenn dein Job scheiße ist, dann mach ihn nicht mehr. Wenn dich Menschen in deinem Umfeld runterziehen, verbring keine Zeit mehr mit ihnen. Wenn du dir ständig ungesundes Zeug reinziehst und deine Zeit mit Handy-Apps verschwendest, lass es! Nimm dir am besten jetzt nach dem Abschnitt die Zeit, darüber nachzudenken, womit du dich selbst demotivierst.

TEIL 4: Kekse, um die Produktivität zu steigern

Wenn du keinen systematischen Plan für deine Produktivität hast, wird es dir wie den meisten gehen: In deinem Leben wechseln sich produktive und unproduktive Phasen ab und du hast gefühlt sehr wenig Einfluss darauf, wann eine produktive Phase kommt und wie lange sie anhält. Das stimmt aber gar nicht. Produktive Phasen können durch ein methodisches Vorgehen erzeugt und erhalten werden. Ein besseres Zeitmanagement ist das Zauberwort! Damit kannst du deine Produktivität erhöhen und im Anschluss mehr mit deiner neu gewonnenen Freizeit anfangen.

1   100 x produktiver mit dieser einfachen Methode

Es existiert eine Methode, mit der du deine Ziele schneller erreichst als bisher und das mit weniger Aufwand und weniger Stress. Wir leben in einer Welt, in der Ablenkungen den größten Feind darstellen. Wir können alles haben und alles erreichen, doch die meisten Menschen sind nicht glücklich. Obwohl es einfacher ist als je zuvor, sind die meisten Menschen nicht besonders erfolgreich. Der Grund liegt darin, dass wir zu viele Optionen besitzen. Wenn du einem Hund zwei Knochen auf einmal hinschmeißt, ist er so verwirrt und unentschlossen, dass er gar keinen nimmt. Genauso geht es vielen Menschen heutzutage.

Die Methode

Wenn du also besonders erfolgreich und produktiv sein willst, brauchst du ein System, an das du dich halten kannst. Tu daher an jedem Arbeitstag Folgendes: Bevor du mit irgendetwas beginnst, überleg dir, welche heute die wichtigsten Aufgaben des Tages sind. Das sind die Aufgaben, die dein Business am stärksten voranbringen und Umsatz generieren. Die wichtigsten Aufgaben sind oft die, die du am wenigsten machen willst. Warum ist das so? Wenn eine Aufgabe wichtig ist, hat es negative Konsequenzen, wenn du sie nicht richtig machst. Du hast also eine gewisse Angst davor, dich der Herausforderung zu stellen. Deshalb schiebst du lieber unwichtige Aufgaben vor. Deine E-Mails müssen auch gelesen werden und dabei kann nichts schiefgehen – das machst du daher lieber. Sei also ehrlich zu dir und finde heraus, was wirklich wichtig ist und was du vor dir herschiebst. Diese Aufgaben erledigst du vor 11:00 Uhr. Wenn du das so machst, erledigst du bis 11:00 Uhr mehr als die meisten den ganzen Tag über. Machst du das täglich, bekommst du immer mehr Momentum und du erreichst deine Ziele in Höchstgeschwindigkeit. Du baust Disziplin auf und es wird immer normaler für dich, schwierige Aufgaben zu lösen.

Ruhe und Fokus

Damit du deine Aufgaben schnell und richtig erledigst, brauchst du Ruhe. Du solltest dich zu 100 % auf die jeweils wichtigste Aufgabe des Tages fokussieren. Damit das gelingt, solltest du für niemanden erreichbar sein. Das heißt, dass dein Smartphone aus ist und dass du auch über deinen Laptop keine Nachrichten empfängst. Kein WhatsApp oder Facebook Messenger. Erledige eine Aufgabe vollständig und dann entspann dich etwas oder sorg für Bewegung, bevor du an die nächste gehst.

Das Problem mit Social Media

Vielleicht denkst du, dass es nicht schlimm ist, ab und zu auf Instagram zu gehen. Du hast vielleicht das Gefühl, dass dich das nur ab und zu ein paar Minuten kostet, doch du täuschst dich. Jedes Mal, wenn du dich ablenken lässt, sei es für nur eine Minute, brauchst du wieder rund 20 Minuten, um in den vollen Fokus zu kommen. Es passiert also schnell, dass dich Social Media den halben Tag kosten.

Sei Minimalist

Wenn es darum geht, deinen Tag zu planen, solltest du zum Minimalisten werden. Viele denken, sie hätten heute viel erreicht, da sie viele Aufgaben auf ihrer Liste abgehakt haben. Doch du kannst den ganzen Tag gestresst sein und unzählige Dinge tun, ohne persönlich oder finanziell voranzukommen. Versuch lieber, genau das zu tun, was wirklich notwendig ist, und mach diese Dinge so gut wie möglich. Konzentrier dich auf ein Thema, das dich interessiert. Such dir ein Spezialgebiet und werde hier extrem gut, anstatt alles Mögliche zu lernen. Wenn du mit dieser Einstellung lebst, wirst du außerordentlich produktiv und machst gigantische Fortschritte. Wenn ich mich auf einen Marathon vorbereite, suche ich zu Beginn genau die Tätigkeiten, die die größte Auswirkung auf mein Ergebnis haben. Ich versuche nicht, möglichst viel für meinen Erfolg zu tun, sondern genau das Richtige. So habe ich trotz meiner Challenges noch ausreichend Zeit für meine Familie.

2   Viermal schneller lernen mit der Feynman-Methode

Wenn du dich gerade auf eine Prüfung vorbereitest oder einfach ein Thema schnell verstehen willst, ist dieser Abschnitt perfekt für dich. Folgend erfährst du, wie du ein Thema in kürzester Zeit besser begreifst.

Ein Leben lang zu lernen, gehört zu den Erfolgsgewohnheiten schlechthin. Dein Gehirn funktioniert wie ein Muskel – wenn du ihn nicht benutzt, baut er ab. Trainierst du dein Gehirn, wird es immer leistungsfähiger. Wer nie aufhört, sich neuen Themen zu widmen, verringert sogar das Risiko, an Alzheimer zu erkranken. Häufig fehlt uns jedoch die Zeit, uns in neue Themen einzuarbeiten. Wenn du Student bist, kennst du das Gefühl der Überforderung, wenn du einen Haufen Bücher vor dir liegen hast, zu denen du später abgefragt wirst. Dazu kommt, dass wir uns beim Lernen gerne selbst verarschen. Wir tun so, als ob wir etwas verstanden hätten, dabei stimmt das gar nicht.

Prinzip der Feynman-Technik

Der berühmte Physiker Richard Feynman hat eine Technik entwickelt, die das Lernen effizienter macht. So kannst du dir schnell neues Wissen aneignen und sorgst dafür, dass du es tatsächlich begriffen hast. Das Prinzip der Feynman-Technik beruht darauf, ein Thema so wiederzugeben, dass es ein anderer versteht. Dabei wird eine möglichst einfache Sprache verwendet. Da du das Thema jemand anderem erklärst, kannst du nicht mehr einfach sagen: »Ja, ja, habe ich verstanden …« Du führst diese Technik schriftlich aus. Feynman hat seine Technik in vier einfache Schritte unterteilt, die ich dir jetzt vorstellen werde.

Schritt 1: Schreib das Thema auf

Schritt Nr. 1 ist relativ einfach. Du nimmst ein leeres Blatt Papier und schreibst oben das Thema auf, das du dir aneignen möchtest. Bring kurz auf den Punkt, was genau du verstehen möchtest.

Schritt 2: Schreib so, dass ein anderer es versteht

Im zweiten Schritt schreibst du den Inhalt des Themas so auf, dass ein anderer ihn versteht. Verwende dabei eine möglichst einfache Sprache. Du wirst merken, dass du an deine Grenzen stößt, und das ist gut. Wenn du diesen Schritt wirklich gewissenhaft durchführst, lernst du enorm schnell und nachhaltig. Nimm also die geistige Anstrengung in Kauf. Recherchier alle Informationen, die du brauchst, und verinnerliche sie so, dass du sie in einfachen Worten schriftlich wiedergeben kannst. Nutz auch Zeichnungen und Grafiken, um ein Thema zu erklären. Ein universelles Gesetz lautet: Dein Wissen vermehrt sich, sobald du es weitergibst. Darin unterscheidet sich Wissen von beispielsweise Geld oder materiellen Gütern – diese werden weniger.

Schritt 3: Kontrollier

In Schritt 3 kontrollierst du das, was du geschrieben hast. Du hast beim Schreiben schon gemerkt, dass du an manchen Stellen Schwächen hast. Notier dir deine Wissenslücken und recherchier die Infos, die du noch brauchst. Formulier diese Passagen erneut so, dass ein anderer sie versteht. Das wirkt sicher wie viel Arbeit auf dich. Je nach Thema kann es das auch sein. Doch durch die feste Struktur und Methodik verschwendest du keine Zeit. Du machst genau das, was notwendig ist, um etwas WIRKLICH zu verstehen. Bist du damit fertig, hast du viel mehr Freizeit als jemand, der einfach anfängt, Bücher zu lesen.

Schritt 4: Vereinfache

Schritt 4 lautet: Vereinfache das, was du geschrieben hast. In diesem Schritt optimierst du deinen Text, indem du ihn noch verständlicher machst. Schreib ihn erneut auf ein Blatt Papier und ändere dabei jeden Satz, der zu kompliziert ist. Falls du auf deinem Laptop geschrieben hast, überarbeitest du den Text dort.

3 Wie »Stapeln« deine Produktivität steigert ...

Es gibt eine einfache Methode, mit der du deine Produktivität enorm steigern kannst. Sie erspart dir Zeit, erhöht deinen Fokus und bringt Klarheit in dein Leben.

Was meine ich mit Stapeln?

Was meine ich mit Stapeln? Wenn du dir bewusst machst, welche Aufgaben du wöchentlich erledigst, merkst du, dass gewisse Kategorien existieren. Zum Beispiel musst du immer wieder Telefonate erledigen, einkaufen, kreativ sein, Dinge umsetzen. Häufig macht es Sinn, gewisse Aufgaben beiseitezulegen und dann in einem Rutsch zu erledigen. Beispiel: Wenn du deine Wäsche machst, dann wartest du, bis die Waschmaschine voll ist. Oder du tankst dein Auto möglichst spät wieder auf und nicht nach jeder Fahrt. Genau das kannst du auch mit deinen Einkäufen, deinen E-Mails und diversen Aufgaben machen.

Der Vorteil von Stapeln

Der Vorteil dabei ist, dass du enorm Zeit sparst. Du musst nicht ständig zur Tankstelle fahren, ständig dein E-Mail-Postfach öffnen, dich wieder in eine Aufgabe einarbeiten, sondern machst das einmal und ziehst das durch. Außerdem erhältst du durch bewusstes Stapeln eine große Kontrolle. Du lässt dich nicht mehr ablenken von dem, was angeblich gerade zu erledigen ist, sondern konzentrierst dich voll auf deinen Aufgabenstapel, der JETZT eingeplant ist. Da du Ablenkung verhinderst und deinen Fokus steigerst, gewinnst du enorm an Produktivität.

Wie Stapeln genau funktioniert

Auf welche Weise du am besten stapelst, musst du individuell für dich entscheiden. Ich will dir aber ein paar Beispiele an die Hand geben, damit du eine Vorstellung davon bekommst. Du könntest zum Beispiel entscheiden, dass du alle Aufgaben, bei denen du proaktiv und kreativ sein musst, morgens erledigst. Zu dieser Zeit reagierst du auf keine Anrufe und keine Nachrichten. Dann könntest du festlegen, dass du nach dem Mittagessen in einem Rutsch alle Nachrichten beantwortest. Auf wöchentlicher Ebene würdest du zum Beispiel einen ganzen Tag festlegen, an dem du dich voll deinem Haushalt widmest oder der voll deiner Erholung dient.

Produktivität – Fazit

Ich hoffe, ich konnte dir ein paar Anregungen geben, wie du dich effizienter deinen Aufgaben widmest. Überleg dir, welchen Aufgaben du über eine Woche hinweg nachgehst und wie du diese geschickt stapeln könntest.

4   Die drei Schritte, die dich extrem produktiv machen

Es gibt unzählige Tricks, die dir dabei helfen, produktiver zu werden. In diesem Abschnitt spreche ich die wahrscheinlich drei wichtigsten an, damit du in Zukunft möglichst effizient arbeitest und bald an einem Tag mehr erreichst als früher in einer Woche. Du erfährst also genau, was du tun musst, um im Leben außergewöhnlich produktiv und dadurch außerordentlich erfolgreich zu werden. Viele Menschen verwechseln Produktivität mit »viel tun«. Sie arbeiten täglich lange To-do-Listen ab und sind abends völlig erschöpft. Die Wahrheit ist: Du könntest deine Arbeitszeit halbieren und dabei deine Produktivität verdoppeln. Wichtig ist nur, dass du Struktur in dein Leben bringst und die richtigen Dinge auch wirklich umsetzt. Wie du dabei vorgehst, verrate ich dir jetzt.

Deine persönliche Lebensvision

In Schritt 1 geht es um deine ganz persönliche Lebensvision. Vielleicht geht es dir ja wie vielen und du kommst gar nicht dazu, mal einen Schritt zurückzugehen und dich zu fragen: »Wie genau soll mein Leben aussehen?« Deine Vision bestimmt deine Richtung in deinem Leben. Wenn du keine konkrete Vision hast, lässt du dich von deinen Gefühlen hin- und herschubsen. Du bewegst dich mal in die eine Richtung und dann in die andere, aber bleibst nie lange genug an etwas dran, um richtig erfolgreich zu werden. Überleg dir, wo genau du in fünf Jahren stehen willst. Wie soll es dir gesundheitlich gehen? Auf welche Art willst du dein Geld verdienen? Welche Menschen willst du in deinem Umfeld haben? Überleg dir, was dir wirklich wichtig ist im Leben. Wenn du das weißt, kannst du deinen Tagesplan daran ausrichten. Erst dann wirst du wirklich produktiv und erledigst nicht nur Dinge. Vieles, was du heute tust, passt wahrscheinlich gar nicht in deine Vision. Hier arbeitest du also gegen dich selbst. Das setzt dich unter Stress und macht dich unglücklich. Erst wenn du genau weißt, was du willst, kannst du wichtige Aufgaben von unnötigem Stress trennen.

Gestalte einen sinnvollen Tagesplan

In Schritt 2 gestaltest du einen sinnvollen Tagesplan. Wann stehst du morgens auf? Wann beginnst du mit deiner Arbeit? Was tust du in der Zeit dazwischen? Wann schließt du mit der Arbeit ab? Und wann gehst du ins Bett? Durch einen strikten Plan bringst du Struktur in dein Leben. Dein autonomes Nervensystem gewöhnt sich an diese Abläufe. Ist dein Tagesplan einmal so richtig eingefleischt, bringt er dich fast automatisch deiner Vision näher.

Es sind genau die Dinge, die du täglich tust, die du möglichst effizient umsetzen solltest. Du solltest dir zum Beispiel nicht täglich überlegen müssen: »Was esse ich heute?« Nimm dir lieber einmal ausreichend Zeit, ein System zu entwickeln, das du dann täglich abrufen kannst, anstatt dieselben Probleme immer wieder neu zu lösen. An einem konkreten Beispiel: Du könntest dir dein Essen mittags und abends liefern lassen. Bringdienste gibt es nicht nur für Pizza, sondern auch in gesunder Form. Das kostet dich vergleichsweise viel Geld. Doch da du dich nicht mehr fragen musst, was du heute isst, und dein Essen auch nicht besorgen oder kochen musst, sparst du über die Wochen extrem viel Zeit. Wenn du diese Stunden effektiv in dein Business steckst, holst du das Geld locker wieder raus. Eine andere Alternative wäre, jeden Sonntag die Mahlzeiten für die Woche vorzukochen. Du verpackst alles in Frischhaltedosen und wärmst dein Essen nur noch auf. Das ist vielleicht ungewöhnlich, aber viel effektiver, als dich jeden Tag mit dem »Was soll ich essen«-Problem auseinanderzusetzen. Plan also deinen Alltag und integrier Systeme, die deine täglichen Probleme nachhaltig lösen.

Oft fehlt der Fokus

In Schritt 3 geht es um deinen Fokus. Der richtige Fokus ist das, was den meisten Menschen fehlt. Es scheint uns sehr schwerzufallen, uns wirklich auf eine Tätigkeit zu konzentrieren. Aber genau hier liegt der große Schatz begraben. Wenn du es schaffst, dich drei Stunden voll auf eine Sache zu konzentrieren, schaffst du in dieser Zeit mehr als an einem Acht-Stunden-Arbeitstag. Sorg also dafür, dass du beim Arbeiten möglichst wenige Ablenkungen hast. Trainier dich darauf, Dinge wirklich umzusetzen, auch wenn es sich unangenehm anfühlt. Halt dich strikt an deinen Plan und vermeide Social Media während der Arbeitszeit.

Mein Fazit

Wenn du diese drei Schritte beherzigst und in dein Leben integrierst, wirst du von Tag zu Tag produktiver. Du kommst in deiner persönlichen Entwicklung schneller voran und hast gleichzeitig mehr Zeit.

5 Tipps für mehr Fokus und In-die-Umsetzung-Kommen

Deine Produktivität hängt besonders davon ab, wie fokussiert du deine Aufgaben angehst. Mit dem richtigen Fokus arbeitest du effizient und schaffst an einem produktiven Tag mehr als andere im ganzen Monat. In diesem Abschnitt geht es darum, wie du deine Produktivität enorm steigern kannst. Dadurch hast du mehr Freizeit zur Verfügung und erreichst Ziele schneller.

In diesem Abschnitt soll es nicht darum gehen, wie du einen Tagesplan oder To-do-Listen gestaltest. Es geht hier auch nicht um Zeitmanagement-Tools oder Tricks, die du sowieso schon kennst. Ich will hier darauf eingehen, was du ganz grundlegend beherrschen musst, um extrem produktiv zu werden. Der Schlüssel lautet hier: Fokus bzw. Konzentration. Was dich wirklich enorm viel Zeit kostet und am Ende nicht glücklich macht, sind die vielen kleinen Ablenkungen im Alltag. Diese reißen dich aus deinem Fokus, und es dauert erschreckend lange, in diesen Zustand wieder hineinzukommen. Je leichter du dich ablenken lässt, desto weniger erfolgreich bist du. Du bist zudem anfälliger für Stress, fühlst dich häufig überfordert und wirst dadurch eher krank. Die folgenden drei Tipps helfen dir, deine Aufmerksamkeitsspanne zu erhöhen und dich zu einem fokussierten Menschen zu machen:

Tipp 1: Meditier jeden Morgen für 20 Minuten

Du hörst hier sicher nicht zum ersten Mal von den Vorteilen der Meditation, aber vielleicht hast du den wahren Nutzen noch nicht ganz begriffen. Es geht nicht darum, dass du dich während der Meditation besonders entspannst oder gut fühlst. Es geht auch nicht darum, eine spirituelle Erleuchtung zu erhalten. Du meditierst jeden Morgen, weil du dann den Rest des Tages konzentrierter bist. Wenn du deine Augen schließt und dich in völliger Stille nur auf deinen Atem konzentrierst, wirst du wahrscheinlich schon nach Sekunden merken, wie du in Gedanken abdriftest. Diese Sekundenzahl entspricht deiner tatsächlichen Aufmerksamkeitsspanne. Je schwerer dir die Meditation fällt, desto nötiger hast du sie. Was du also während der Meditation tust, ist, deine Aufmerksamkeit immer wieder zu lösen, sobald du merkst, dass du in Gedanken bist. Es handelt sich hierbei also um ein Konzentrationstraining, das den positiven Nebeneffekt hat, dass es dich entspannt. Diese Übung führt dazu, dass du mehr Kontrolle darüber hast, worauf du dich konzentrierst. Nimm dir also täglich die Zeit, um zu meditieren, denn dadurch sparst du enorm viel Zeit über den Rest des Tages. Um zu meditieren, brauchst du nichts, und es ist vollkommen kostenlos – was hindert dich also daran?

Mein Tipp 2 klingt vielleicht etwas seltsam: Stell die richtigen Fragen

Unsere Denkprozesse basieren auf Fragen und Antworten. Du stellst dir eine Frage und dein Gehirn findet fast immer eine Antwort darauf. Die Qualität deiner Fragen bestimmt somit, wie hilfreich und sinnvoll dein Denkprozess ist. Wirklich hochwertige Fragen erkennst du manchmal daran, wenn es im ersten Moment lächerlich klingt. Zum Beispiel: »Warum sollte ich mein Jahresziel nicht schon in diesem Monat erreichen?« Im ersten Moment klingt so eine Frage lächerlich, aber sie zwingt dich, über die richtigen Dinge nachzudenken. »Warum glaube ich, dass ich dafür so viel Zeit benötige? Was konkret muss ich tun, um das Ziel zu erreichen? Was könnte ich tun, um das Ziel viel schneller zu erreichen?« Ich benutze solche Fragen immer wieder, wenn ich mich auf eine Challenge vorbereite. So habe ich es schon geschafft, mich in kürzester Zeit auf Marathons vorzubereiten und Weltrekorde zu brechen. Achte also darauf, welche Fragen du dir stellst. Durch gezieltes Fragen kontrollierst du, womit sich dein Gehirn beschäftigt. Du schaffst es dadurch also, im Fokus zu bleiben.

Mein letzter Tipp lautet: Mach dir dein »Warum« bewusst

Häufig ist es falsch, sich einfach in eine Aufgabe zu stürzen. Wenn du einfach nur einen Haken hinter dein Tagesziel setzen willst, ist deine Motivation nicht groß genug. Damit du den richtigen Fokus findest, mach dir bewusst, WARUM du diese Aufgabe erledigen wirst. Wenn du hier keine gute Antwort findest, solltest du die Aufgabe direkt streichen. Mach dir klar, wie dich diese Aufgabe an dein höheres Ziel bringt. Und noch wichtiger: Mach dir bewusst, welche negativen Konsequenzen es hat, wenn du diese Aufgabe nicht erledigst. So zwingst du dich dazu, in die Umsetzung zu kommen. Mach dir bewusst, was mit deiner Gesundheit passiert, wenn du keinen Sport treibst. Mach dir bewusst, was passiert, wenn du kein Geld hast. Oder mach dir bewusst, wie schlecht es dir morgen geht, wenn du zu spät schlafen gehst.

6 Produktivität: Prioritäten setzen wie ein Genie

Der Schlüssel zu enormer Produktivität liegt darin, Prioritäten sinnvoll zu setzen. Das gilt nicht nur für die Arbeit, sondern auch für das Leben.

Tipp 1: Starte nicht mit dem, was einfach ist

Tipp 1 lautet: Starte nicht mit dem, was einfach ist. Viele starten ihren Arbeitstag gerne mit einer einfachen Aufgabe. Als ob das dazu dienen würde, warm zu werden.

Die Wahrheit ist: Am Morgen hast du noch die meisten Ressourcen, um fokussiert schwere Aufgaben zu erledigen. Ich rate dir, die schwerste Aufgabe an die erste Stelle zu setzen. Du fühlst dich auch viel besser, wenn du das Schwerste hinter dir hast. Je weiter du eine schwere Aufgabe nach hinten verschiebst, desto größer wird deine Scheu vor ihr. Im schlimmsten Fall erledigst du sie gar nicht.

Tipp 2: Reagier nicht auf scheinbare Notfälle

Tipp 2 lautet: Reagier nicht auf scheinbare Notfälle. Angenommen, du hast dir deine Prioritäten für den Tag sinnvoll gesetzt und dann passiert Folgendes. Jemand wird dir irgendeine Aufgabe zuschieben, die scheinbar dringend ist. Da du nur ungern ablehnst, zu helfen, wirst du diese Aufgabe wahrscheinlich schnell zwischenrein nehmen. Dabei prüfst du vielleicht gar nicht, ob die Aufgabe wirklich dringend ist. Menschen halten ihre eigenen Anliegen tendenziell für besonders dringlich, aber das muss nicht stimmen. Reagier also nicht vorschnell auf Hilfegesuche, sondern priorisier diese nach derselben Logik wie deine eigenen Aufgaben.

Tipp 3: Priorisier deine Freiheit

Tipp 3 lautet: Priorisier deine Freiheit. Mit Freiheit meine ich: Plan Aktivitäten in deinen Tag ein, die dich reicher an Sinnhaftigkeit, Gesundheit und Geld machen. Sei mehr als nur ein Werkzeug für andere, damit diese ihre Ziele erreichen. Setz dir deine eigenen Ziele und gib so den Kurs in deinem Leben an. Schau dir einmal am Tag dein langfristiges Ziel an und leg fest, was du heute tun willst, um dem Ziel näherzukommen. Plan Aktivitäten in deinen Tag ein, die deiner Gesundheit dienen wie Sport, Meditation und gesunde Ernährung. Bilde dich stetig weiter, damit du beruflich Mehrwert liefern kannst und dadurch deine Einnahmen steigen.

7 Zeitmanagement: Wie du mehr erreichst und weniger arbeitest

Es gibt unzählige Tipps und Tools fürs Zeitmanagement, doch was führt wirklich dazu, dass du mehr Zeit für dich hast? Fakt ist: Die meisten Menschen fühlen sich, als hätten sie keine Zeit, und die Folgen heißen häufig Stress und sogar Burn-out. In diesem Abschnitt erfährst du, wie du an einem Tag mehr erreichst als bisher, und das, indem du weniger arbeitest.

Als Menschen sind wir stetig bemüht, schneller von A nach B zu kommen. Unsere Infrastruktur ist so weit optimiert wie nie zuvor. Die Datenübertragung wird immer schneller. Jeder von uns hat einen leistungsstarken Computer in seiner Hosentasche, mit dem er in Sekunden alle Informationen der Welt abrufen kann. Man könnte meinen, wir haben mehr Zeit als je zuvor. Doch die Wahrheit ist: Die meisten Menschen sind derart gestresst, dass es sie krank macht. Wir haben das Gefühl, dass ein riesiger Berg an Aufgaben auf uns lastet. Wir haben *kaum die Zeit für das, was uns wirklich wichtig ist*. Kein Wunder also, dass es da draußen unzählige Tipps und Tools gibt, die angeblich Zeit sparen sollen. Doch häufig trennen diese nur die Aufgaben, die wichtig und dringend sind, von den unwichtigen. Am Ende hast du leider dieselbe To-do-Liste, nur dass Punkt 7 jetzt mit Punkt 1 getauscht ist. Was du tun musst, damit du wirklich mehr Zeit hast – also weniger arbeitest – erfährst du jetzt:

Liste schreiben

Natürlich macht es Sinn, wichtige und unwichtige Aufgaben zu unterscheiden, und das rate ich dir auch. Mach dir jeden Morgen eine To-do-Liste mit allen Aufgaben, die anstehen. Definier dabei, welche Aufgaben heute erledigt werden müssen, da du sie nicht mehr aufschieben kannst. Definier zusätzlich die Aufgaben, die den größten Effekt auf deinen **Erfolg** haben. Diese wirst du ebenfalls heute erledigen.

Time-Blocking

Was dir am Ende des Tages aber wirklich mehr Freizeit bringt, ist das, was Time-Blocking oder Time-Boxing genannt wird. Das bedeutet, dass du für deine Aufgabe eine Uhrzeit definierst, zu der die Aufgabe abgeschlossen sein soll. Ein enges Zeitfenster baut Druck auf, der dazu führt, dass du dich wirklich auf deine Aufgabe konzentrierst. Du filterst die

Tätigkeiten heraus, die wirklich dazu führen, dass die Aufgabe erledigt ist, und lässt dich weniger ablenken. Aus Erfahrung weiß ich: Ob du dir eine Stunde oder zwei Stunden für eine Aufgabe nimmst, ändert kaum etwas an dem Ergebnis. Ein größeres Zeitfenster sorgt in der Regel nur für mehr Tätigkeiten, die nicht wirklich zielführend sind. Je disziplinierter du Time-Blocking betreibst, desto leichter fällt es dir, dich auf etwas zu konzentrieren, desto schneller erledigst du Aufgaben und desto mehr Freizeit hast du.

Effizient arbeiten

Der Schlüssel, um Aufgaben in kurzer Zeit zu erledigen, lautet Effizienz. Viele machen den Fehler, sich in Arbeit zu stürzen und alles möglichst schnell zu machen, um im Zeitfenster zu bleiben. Das führt jedoch zu häufigen Fehlern, die korrigiert werden müssen und Zeit kosten. Mach daher Folgendes: Definier die perfekte Szene. Das bedeutet: Mach dir ein ganz klares Bild davon, wie dein Ergebnis aussehen muss. Überleg ganz analytisch, was genau passieren muss, damit das Ergebnis zustande kommt. Nutz also einen großen Teil der Zeit nur für deine Planung. Wenn dein Plan perfekt ist, musst du nur noch die einzelnen Schritte abarbeiten und bist am Ende wesentlich schneller, da du nichts getan hast, was nicht nötig gewesen wäre. Versuch also nicht, besonders viel zu arbeiten, sondern besonders effizient.

Wie du nur noch drei Tage pro Woche arbeitest

Jetzt weißt du, wie du es schaffst, deinen Arbeitsaufwand für einen Tag geringzuhalten. Doch was ist, wenn du nur noch drei Tage in der Woche arbeiten willst? Um das zu erreichen, brauchst du ein System, das über den Tag hinausreicht. Überleg dir, welche Tätigkeiten Umsatz generieren. Das sind in der Regel auch die Tätigkeiten, die deinen Kunden das gewünschte Resultat erbringen. Deinem Kunden ist es egal, ob du dich auf allen Social-Media-Plattformen gekonnt präsentierst. Dein Kunde will eine ganz konkrete Veränderung in seinem Leben, und wenn du ihm diese ermöglichst, gibt er dir gerne sein Geld. Versuch also, dich nur noch darum zu kümmern, was deinem Kunden hilft und dir Geld bringt. Alle anderen Tätigkeiten, die als Selbstständiger oder Unternehmer anfallen, gibst du ab. Sogar als Arbeitnehmer kannst du deine Stunden pro Woche reduzieren, wenn du genau weißt, was dein Chef braucht, und du ihm das in kürzester Zeit gibst.

TEIL 5: Kekse für deinen Erfolg

Erfolg ist für jeden von uns etwas ganz Individuelles. Was Erfolg für dich bedeutet und was du erreichen möchtest, kannst du ganz für dich allein entscheiden. Wichtig ist, dass du dir ein klares Ziel setzt und dazu in der Lage bist, deinen Erfolg aufzumessen.

1 Die drei Gründe, warum du nicht erfolgreich bist

Hast du dir vorgenommen, ein erfolgreiches Leben zu führen und deine Ziele zu erreichen? Das ist gut! Doch häufig treten dabei bestimmte Probleme auf und Menschen kommen nicht voran. In diesem Abschnitt schreibe ich über die drei Gründe, die dich eventuell von deinem Erfolg abhalten, und darüber, wie du trotzdem erfolgreich wirst.

Faktor 1: Deine Selbstzweifel

Der erste Faktor, der dich von Erfolg abhält, den ich hier nennen möchte, lautet: Selbstzweifel. Dabei ist es ganz natürlich, Selbstzweifel zu haben. Diese schützen dich davor, zu übermütig zu sein und Risiken zu ignorieren. Doch viele Menschen machen den Fehler, dass sie nie trainieren, mit Selbstzweifeln umzugehen. Sie merken nur, dass diese in ihnen aufkommen, und sie bleiben dann stehen. Dabei kannst du trotz Selbstzweifel erfolgreich sein und deine Ziele erreichen. Alles, was du tun musst, ist: weiterzumachen. Trotz negativer Gefühle. Der Umgang mit deinen Gefühlen ist eine Frage der Disziplin. Mein Tipp: Fang damit an, morgens kalt zu duschen. Wenn du dastehst und mit der Hand fühlst, wie das kalte Wasser aus der Brause strömt, kommen viele Zweifel in dir auf. Wenn du dann trotzdem druntersteigst, merkst du, dass es geht, und danach fühlt es sich sogar richtig gut an. Integrier diese Übung in deinen Alltag und du lernst, besser mit Selbstzweifeln und Ängsten umzugehen.

Faktor 2: Ablenkung

Der zweite Faktor, der deinen Erfolg verhindert, lautet: Ablenkung. Erfolg ist häufig anstrengend. Weil wir Anstrengung eher weniger mögen, lenken wir uns gerne mit Dingen ab, die einfach sind. Wir schauen Netflix, checken unsere WhatsApp-Nachrichten oder zocken irgendwelche Games. Diese Ablenkungen sind verlockend und hast du mal eine Serie auf Netflix gefunden, die dir gefällt, schaust du direkt drei Folgen hintereinander. Dieses Problem kannst du nur beseitigen, indem du klare Regeln aufstellst. Nutz möglichst wenig Social Media. Gestatte dir Dinge wie Videoschauen nur dann, wenn du bereits die wichtigen Aufgaben für den Tag erledigt hast. Bestimm klare Uhrzeiten und kürz deinen Konsum auf ein Minimum.

Faktor 3: Ich-Fokus

Der dritte Faktor, den ich hier nennen möchte, lautet: Du hast einen zu starken Fokus auf dich selbst. Du kannst nicht erfolgreich werden, wenn andere Menschen nicht an deinem Erfolg interessiert sind. Wenn du ein erfolgreiches Unternehmen leiten willst, brauchst du ein starkes Team. Du musst dich also fragen: »Was erwarten engagierte Mitarbeiter von einem Unternehmen?«, um zu bekommen, was du willst. Wenn du mehr Geld verdienen willst, musst du dich fragen: »Was wollen meine Kunden?« Wenn du eine bessere Beziehung willst, musst du dich fragen: »Was will mein Partner?« Du merkst also, wenn du erfolgreich sein willst, musst du deinen Fokus mehr auf andere lenken.

2   Warum du erfolgreich werden musst

Viele wollen Ziele erreichen, produktiver werden, erfolgreicher werden, doch warum? Hinter Erfolg steckt eine Funktion, die in ihrem Ausmaß so gewaltig ist, dass du sie dir vielleicht nicht vorstellen kannst. Doch genau das solltest du tun. Du erhältst ein tieferes Verständnis von Erfolg und kannst so dein Leben radikal verändern.

Was bedeutet Erfolg?

Es wird viel über Erfolg geredet, doch was ist Erfolg? Erfolg ist das, was auf eine Handlung folgt, und zwar im positiven Sinne. Das ist eine gute Sache. Daher stellt sich die Frage: Wie bekommt man mehr Erfolg bzw. wird erfolgreicher? Je mehr positive Ergebnisse du schaffst, desto erfolgreicher bist du. Wie schaffst du mehr positive Ergebnisse? Indem du effizienter und produktiver wirst. Was genau dahinter steckt, klären wir gleich, doch zunächst beantworte ich die Frage aus der Überschrift.

Warum musst du erfolgreicher werden?

Warum solltest du erfolgreicher werden? Du könntest ja auch sagen: »Ich mache es mir lieber möglichst bequem.« Mit dieser Einstellung wärst du nicht allein. Der große Nutzen hinter deinem Erfolg – den du so gut wie nie im Blick hast – ist aber der, dass er sich in exponentieller Weise positiv auf die Gesellschaft auswirkt. Das bedeutet, dein positives Schaffen hat einen viel größeren Effekt auf die Welt, als du wahrnimmst. Sobald du das Beste aus dir und deinem Leben machst – was auch immer das für dich heißt – beeinflusst du viele andere Menschen in deinem Umfeld. Ein Beispiel: Angenommen, du bist Vater oder Mutter von drei Kindern. Du beschließt, möglichst fit und gesund zu sein und genau das deinen Kindern vorzuleben. Deine Kinder wachsen in einer Welt auf, in der es ganz normal ist, Sport zu treiben und selbst zu kochen. Genau das bringt jedes Kind wiederum seinen Kindern bei, sobald es erwachsen ist, und diese wieder ihren Kindern. Über Generationen hinweg erreichst du mit deinem positiven Vorbild mehr Menschen, als du dir vorstellen kannst, exponentiell viele. Wir sind alle Teil eines riesigen Netzwerks und tragen viel mehr Verantwortung, als uns bewusst ist. Verantwortung vor allem deshalb, da sich unsere negativen Gewohnheiten mindestens genauso stark auf andere auswirken. Das ist der Grund, warum Erfolg nicht nur ein Lifestyle-Modell für Karriere-Menschen ist, sondern ein Naturgesetz, das du ernst nehmen solltest.

Wie wird man erfolgreich?

Jetzt zurück zu der Frage: Wie wird man erfolgreicher? Wie bereits erwähnt, muss dafür deine Produktivität steigen. Mit anderen Worten bedeutet das, dass du mehr von dem tun solltest, von dem du weißt, dass es richtig ist, du es aber nicht tust. Alles, was du zum Erfolg brauchst, hast du bereits in dir. Du weißt ganz genau, was bei dir gerade schiefläuft und was dein Leben verbessern würde. Wenn du gerade noch davor zurückschreckst, das Notwendige umzusetzen und große Verantwortung zu übernehmen, dann überleg, wie viel du leisten könntest. Brich deine großen Ziele in kleine Etappenziele herunter. Kleine Erfolgserlebnisse führen zu großen, und du gerätst langsam in eine Erfolgsspirale, die immer schneller und extremer wird, solange du die Dinge tust, von denen du weißt, dass sie richtig und notwendig sind. Du wirst merken, dass dein Potenzial unendlich groß ist und du mit stets neuer Kraft belohnt wirst, je mehr Verantwortung du übernimmst. Angenommen, du übernimmst die Verantwortung für deine Gesundheit und treibst ab heute regelmäßig Sport. Dann wird nicht nur dein Körper fitter, sondern auch dein Geist. Du fühlst dich psychisch besser, hast ein besseres Selbstwertgefühl und gehst offener auf Menschen zu. Du ziehst neue Menschen in dein Leben, die ebenfalls erfolgreich werden wollen, und ihr unterstützt euch gegenseitig. Und nach fünf Jahren verdienst du das 10-fache an Geld und das nur, weil du damals Verantwortung übernommen hast und diese eine Sache auch wirklich umgesetzt hast, von der du immer wusstest, dass sie notwendig ist. Und jetzt stell dir vor, was passiert, wenn du ständig Dinge tust, die richtig und notwendig sind. So funktioniert die Erfolgsspirale. Mach sie dir zunutze, denn am Ende profitieren wir alle davon.

3 Wie du dein Gehirn in fünf Schritten auf Erfolg programmierst

In diesem Abschnitt geht es darum, dein Gehirn ganzheitlich auf Erfolg zu programmieren. Viele Menschen holen sich Tipps, wie sie spezifische Prozesse umsetzen können, und vergessen dabei, grundsätzlich an ihrem Bewusstsein und ihrem Verstand zu arbeiten. Nur wenn du die fünf Ebenen deines Geistes kennst, kannst du wirklich erfolgreich sein. Du lernst, wie du dich grundsätzlich auf Erfolg programmierst.

Sicher hast du schon viele Tipps gehört, um im Leben oder Beruf erfolgreicher zu sein. Obwohl diese Tipps oft sinnvoll sind, führen sie in der Regel nicht dazu, dass der Empfänger in seinem Leben tatsächlich etwas verbessert. Es gibt nur einen kleinen Teil an Menschen, die eine neue Information erhalten und allein dadurch viel erfolgreicher werden. Daher stellt sich die Frage: Wie unterscheiden sich diese Menschen von den erfolglosen?

Lösung

Die Wahrheit ist: Ob dir ein Tipp hilft oder nicht, hängt davon ab, wie du grundsätzlich geistig aufgestellt bist. Ein Beispiel: Hast du extreme Selbstzweifel oder bist sogar depressiv, bringt es dir nichts, zu lernen, dass du dir große Ziele setzen musst, um besonders erfolgreich zu werden. Du kannst dir in deiner jetzigen Situation einfach nicht vorstellen, dass du in deinem Leben viel erreichen kannst – auch wenn das stimmt. Ich will dir an einem Modell zeigen, wie du ganzheitlich deinen Geisteszustand verbesserst und dadurch erfolgreicher wirst. Dafür habe ich den Geist in fünf Ebenen unterteilt. Die tiefste Ebene ist das Bewusstsein, dann kommt der Verstand, Leitsätze, Fachkenntnisse und an oberster Stelle die Prozesse. Was genau ich damit meine, erfährst du jetzt.

Bewusstsein

Die erste mentale Ebene, die du pflegen solltest, ist dein Bewusstsein. Viele Menschen leben sehr unbewusst und laufen eher auf Autopilot. Sie tun das, was sie gewohnt sind, zu tun, und wenn es einmal nicht weitergeht, gehen sie in eine andere Richtung. Wer sich jedoch wirklich bewusst ist, dass er es ist, der sein Leben gestaltet und er womöglich auch nur dieses eine Leben hat, der lebt oft radikal anders. Er übernimmt die Verantwortung für sein Leben, setzt sich bewusst Ziele und definiert eigene Werte. Wer bewusst lebt, ist unweigerlich erfolgreicher. Auch dein Selbstbild gehört in die Kategorie Bewusstsein. Dieses hat einen großen Einfluss auf dein ganzes Leben. Wie erfolgreich kannst du beispielsweise werden, wenn du dich als Verlierer siehst? Pfleg also dein Bewusstsein. Das schaffst du mithilfe von Achtsamkeitsübungen, Tagebüchern und indem du Ablenkungen vermeidest.

Verstand

Die nächste Ebene ist dein Verstand. Sie ist dafür zuständig, die vielen Informationen, die täglich in deinen Geist dringen, zu ordnen. Um erfolgreich zu sein, willst du Wichtiges von Unwichtigem trennen können. Du willst klare Entscheidungen treffen, wann Aufgaben erledigt werden, und langfristige Pläne schmieden. Dein Verstand wird schärfer, indem du dein Bewusstsein pflegst. Außerdem ist er wie ein Muskel, den du trainieren kannst, indem du dich komplexen Themen widmest und Probleme löst.

Leitsätze

Die dritte Ebene deines Geistes sind deine Leitsätze. Diese kannst du als Regeln betrachten für die Art, wie du denkst. Sie bestimmen auch in großem Maß, wie du handelst. Ein Leitsatz im Business könnte zum Beispiel lauten: Der Kunde steht immer an erster Stelle. Oder im persönlichen Bereich: Niemand hat das Recht, mich zu demütigen. Achte darauf, welche Leitsätze du hast und welche Resultate sie hervorrufen. Manche haben vielleicht früher gut funktioniert, aber machen dir heute das Leben schwer.

Fachkenntnisse

Erst auf Ebene 4 kommen deine Fachkenntnisse. Hier geht es um spezifisches Wissen, zum Beispiel zu den Themen Ernährung, Marketing oder Coaching. Vielleicht kennst du auch Menschen, die sich zwar sehr gut auf ihrem Fachgebiet auskennen, aber ansonsten mental sehr schlecht aufgestellt sind. Manche würden sie vielleicht als Fachidioten bezeichnen. So zu werden, gilt es, zu vermeiden. Darum will ich dir hier einen ganzheitlichen Überblick verschaffen.

Prozesse

Auf der fünften Ebene kommen wir zu den Prozessen. Das heißt: Wie genau setze ich Dinge um? Viele Menschen machen den Fehler, zu sehr auf dieser Ebene nach Lösungen für ihre Probleme zu suchen. Sie holen sich zum Beispiel Tipps, wie man gute Facebook-Ads schaltet. Dabei haben sie keine Kenntnisse von dem Fachgebiet, das dahinter steckt – in diesem Fall Marketing. Oder sie lernen Tricks zum Abnehmen, aber kennen ihre Glaubenssätze und Leitsätze zu diesem Thema nicht.

4 Die sieben Dinge, die Verlierer anders machen als Gewinner

In diesem Abschnitt schauen wir uns an, was erfolglose Menschen tun, um ihren Erfolg zu verhindern. So kannst du aus den Fehlern anderer lernen. Um selbst möglichst erfolgreich zu sein, ist es sinnvoll, zu schauen, was die Erfolgreichen genau tun, um erfolgreich zu sein. In diesem Text drehen wir den Spieß um und schauen, was die Erfolglosen tun, um keinen Erfolg zu haben.

Viele Menschen leben in dem Glauben, dass Erfolg vor allem von Talent oder sogar Glück abhängt. Damit geben sie leider die Verantwortung dafür ab, selbst erfolgreich zu werden. Schauen wir uns erfolgreiche Menschen an, merken wir recht schnell, dass diese sich in ihrem Denken und Handeln deutlich vom Rest unterscheiden. Daraus kann man schließen, dass du selbst entscheidest, wie erfolgreich du im Leben bist. Die Voraussetzung dafür ist natürlich, dass du auch bereit bist, dich zu ändern.

Fernseh schauen

Die erste Sache, die erfolglose Menschen anders als erfolgreiche machen, ist das Fernsehen. In Deutschland schauen Menschen durchschnittlich bis zu vier Stunden am Tag. Das ist schon eine ganze Menge und trägt wahrscheinlich nicht wirklich zur Bildung bei. Von reichen, also erfolgreichen, Menschen ist hingegen bekannt, dass sie überdurchschnittlich viel lesen – in der Regel täglich. Wie ist das bei dir, schaust du Fernsehen oder hast du gar keinen Fernseher mehr zu Hause?

Zeit gegen Geld tauschen

Eine Sache, die es dir fast unmöglich macht, finanziellen Erfolg zu erlangen, ist Zeit gegen Geld zu tauschen. Anders ausgedrückt: Wenn du reich werden willst, dann solltest du kein Angestellter sein. Ein Selbstständiger oder Unternehmer wird für seine Resultate bezahlt und nicht für seine Zeit. Dadurch entsteht natürlich ein hohes Risiko, überhaupt kein Geld zu verdienen, aber ermöglicht auch besonders hohe Einnahmen. Grundsätzlich gilt: Immer dann, wenn du auf Sicherheit setzt, verringert sich die Chance auf hohe Gewinne.

Erfolglose Menschen jammern viel

Als wir auf die Welt gekommen sind, konnten wir nicht anders, als zu schreien, um etwas zu bekommen. Das hat auch hervorragend funktioniert. Doch je erwachsener wir werden, desto mehr stellen wir fest, dass Jammern uns nicht mehr voranbringt. Wir können so zwar noch immer Mitleid erregen, aber es löst unsere Probleme nicht. Ein guter Grundsatz, um erfolgreich zu werden, lautet: Weniger jammern und mehr Verantwortung übernehmen.

Erfolglose Menschen konsumieren, anstatt zu investieren

Bei den meisten Menschen ist es so, dass ihr Einkommen mit der Zeit steigt. Anstatt jedoch das überschüssige Geld beiseitezulegen und zu investieren, geben sie monatlich einfach noch mehr Geld aus. Die Fixkosten steigen mit dem Einkommen und die gefühlte Lebensqualität bleibt dieselbe. Besser wäre es doch, das Geld anzulegen oder in die eigene Person zu investieren. Wer zum Beispiel in seine Bildung investiert und Seminare besucht, kann dadurch theoretisch sein Einkommen nach einer gewissen Zeit vervielfachen.

Erfolglose Menschen haben zu allem eine Meinung

Du kennst sicher das Phänomen, dass du dich mit einem Thema beschäftigst und dadurch erst so richtig merkst, wie wenig du weißt. Dieses Gefühl ist hilfreich, denn es führt dazu, dass du nicht aufhörst, dich weiterzubilden. Wer sich jedoch von Weiterbildung fernhält, hat häufig das Gefühl, schon alles zu wissen, auch wenn es absurd klingt. Du erkennst erfolglose Menschen häufig daran, dass sie meinen, die Lösung zu komplexesten wirtschaftlichen oder politischen Problemen zu kennen, während sich die Experten auf diesen Gebieten schwertun, klare Aussagen zu treffen.

Erfolglose Menschen denken oft, dass Geld ihre Probleme lösen würde

Geld ist in der Regel das Resultat von bestimmten Denkweisen und Handlungen. Im konventionellen Fall verdienen Menschen so viel Geld, wie sie Werte für andere Menschen schaffen. Das bedeutet, je mehr wir geben, desto mehr bekommen wir. Wer das nicht verstanden hat, dem hilft es auch nicht, wenn er mehr Geld bekommt. Die Welt funktioniert immer noch nach denselben Regeln, darum sind Lottogewinner so schnell wieder genauso arm wie vor dem Gewinn.

Erfolglose Menschen setzen nichts um

Um im Leben erfolgreich zu sein, müssen wir Erfahrungen sammeln und Fehler machen. Wer sich also besonders aktiv verhält, kommt am schnellsten voran. Vielleicht kennst du auch einen Menschen, der gerne davon erzählt, wie erfolgreich er war, aber nichts mehr leistet. Diese Leute holen sich Anerkennung dadurch, dass sie ihr Umfeld zum Staunen bringen. Sie fühlen sich dadurch gut und haben keinen Druck mehr, noch weiterhin Ziele zu erreichen. Wirklich erfolgreich sind sie dadurch nicht. Mach daher deinen Erfolg nicht von der Meinung anderer Menschen abhängig. Konzentrier dich auf dein Ziel und darauf, welche Resultate du tatsächlich erzielst.

5   Wie extrem erfolgreiche Menschen denken ...

Wenn du weißt, wie erfolgreiche Menschen denken, kannst du diese Erkenntnis für deinen eigenen Erfolg nutzen. Lies diesen Abschnitt bis zum Ende und du wirst erkennen, dass es konkrete Ursachen für Erfolg und Misserfolg gibt und dass diese im Denken liegen.

Erfolg ist das Resultat von Handlungen

Viele Menschen unterscheiden zwischen sich und den Menschen, die bereits sehr große Ziele erreicht haben und berühmt sind. Sie glauben, dass diese so erfolgreichen Menschen einfach anders sind. Dass sie mit einem großen Talent geboren wurden oder über eine bessere Genetik verfügen. Das Problem dabei ist: Wenn du eine krasse Trennlinie zwischen dir und deinen Vorbildern ziehst, hindert dich diese an deinem eigenen Erfolg. Die Wahrheit ist: Erfolg ist das Resultat bestimmter Handlungen. Handlungen sind das Resultat bestimmter Denkweisen. Auch du kannst – genau wie deine Vorbilder – enorme Erfolge erzielen. Was du dafür tun musst? Denk wie ein erfolgreicher Mensch.

Wie erfolgreiche Menschen denken

Erfolgreiche Menschen setzen sich große Ziele. Große Ziele sind deshalb so wertvoll, weil sie uns motivieren. Als ich mir überlegte, im Stehen den Rhein entlangzupaddeln, war das zwar reizvoll, aber noch nicht besonders motivierend. Als ich mir jedoch vorstellte, dabei einen Weltrekord zu brechen, löste das große Emotionen in mir aus – ich hatte die notwendige Motivation, um mein Ziel zu erreichen. Denk also darüber nach, welche Ziele dich wirklich motivieren. Stell dir vor, du hättest das Ziel erreicht – wie fühlt es sich an?

Denk »wie« statt »ob«

Erfolgreiche Menschen denken darüber nach, wie sie ihr Ziel erreichen und nicht, ob sie es erreichen. Wenn du dich fragst, ob du ein Ziel erreichen kannst, wirst du fast immer ein Nein hören. Das liegt daran, dass deine Ziele außerhalb der Komfortzone liegen und dein Gehirn dich vor Gefahren schützen will. Obwohl ich es gewohnt bin, mich stetig neuen Herausforderungen zu stellen, erlebe ich immer wieder Selbstzweifel. Der Trick ist: Ich konzentriere mich dann auf mein Ziel und darauf, WIE ich es erreichen kann. Je klarer der Weg zum Ziel ist, desto weniger Zweifel hast du daran, dass du es schaffst. Du hast mehr Selbstvertrauen und bist daher erfolgreich. Frag dich also nicht, OB du dein Ziel erreichen kannst, sondern WIE.

Du kannst alles lernen

Erfolgreiche Menschen machen sich immer wieder bewusst, dass sie alles lernen können. Vielleicht hattest du mal eine tolle Idee – zum Beispiel für eine Website – aber hast diese dann nicht umgesetzt, weil dir der Gedanke kam: »Ich weiß nicht, wie das geht.« Viele Menschen bleiben an dieser Stelle einfach stehen. Die Wahrheit ist: Du kannst alles lernen, was du für deinen Erfolg brauchst. Steve Jobs wusste zu Beginn nicht, wie man ein Smartphone baut. Er wusste nur, dass er unbedingt so ein Produkt erschaffen möchte, und er war sich sicher, dass sein Team und er sich jedes notwendige Wissen aneignen können. Lass dich also nicht davon abschrecken, dass du noch nicht weißt, wie du dein Ziel erreichst. Mach dir bewusst, dass du dir alles, was du brauchst, aneignen kannst.

Bereitschaft für Veränderung

Erfolgreiche Menschen sind bereit, sich zu ändern. Ich habe Hunderte Menschen betreut, die gesünder oder sportlicher werden wollten. Am schnellsten kamen die an ihr Ziel, die auch wirklich bereit waren, sich selbst zu ändern. Diejenigen, die sich einen Coach suchen, damit er ihnen die Arbeit abnimmt, sind nie erfolgreich. Wenn dir gerade noch die Motivation fehlt, an deinen Zielen zu arbeiten, dann ist es jetzt deine Aufgabe, dich selbst zu motivieren. Du kannst zu einem Menschen werden, der jeden Tag motiviert ist. Du kannst zu einem Menschen werden, der das notwendige Selbstvertrauen besitzt. Du kannst zu einem Menschen werden, der diszipliniert ist. Du kannst zu einem Menschen werden, der optimistisch in die Zukunft blickt. Was du dafür tun musst? Sei bereit, DICH zu ändern. Such keine Rechtfertigung dafür, dass es bei dir gerade nicht läuft. Positionier dich nicht in der Opferrolle, sondern denk darüber nach, was du tun kannst, damit du vorankommst und du dich besser fühlst. Sei bereit, dich zu ändern.

Gib dir selbst die Erlaubnis

Erfolgreiche Menschen bitten nicht um Erlaubnis. Erlaub dir selbst, der Mensch zu werden, der du sein möchtest. Wenn du Angst davor hast, auf deinem Weg Fehler zu machen, dann erlaub dir diese Fehler und geh den Weg trotzdem. Denk nicht darüber nach, was andere davon halten könnten. Erlaub dir, nicht perfekt zu sein und dich dennoch zu lieben. Versorg dich selbst mit Zuspruch und Anerkennung und mach deinen Selbstwert nicht von dem Urteil deiner Mitmenschen abhängig. Vielleicht bist du jetzt noch nicht so optimistisch, motiviert, erfolgreich, wie du es sein möchtest, aber du hast die Fähigkeit, zu wachsen. Erlaub dir, ein anderer Mensch zu werden. Erlaub dir, anders zu denken und dich dadurch anders zu fühlen. Erlaub dir, anders zu handeln und erfolgreich zu sein. Bitte dafür nicht um Erlaubnis.

6   Wie du jede Diskussion gewinnst

Wenn Menschen Diskussionen gewinnen möchten, suchen sie in der Regel nach Manipulationstechniken, lernen Rhetoriktricks oder feilen an ihren Argumentationen. Doch wessen bedarf es wirklich, um als Gewinner aus einer Diskussion zu gehen?

Geh davon aus, dass dein Gegenüber etwas weiß, was du nicht weißt

Ich will dich gar nicht lange auf die Folter spannen, sondern dir direkt sagen, was du tun musst, um in Diskussionen immer zu gewinnen. Geh davon aus, dass dein Gegenüber etwas weiß, was du nicht weißt. Genau das ist die Haltung, die dich zum Gewinner macht. Denn wenn du mit dieser Haltung in ein Gespräch gehst, entsteht für dich die Möglichkeit, etwas zu lernen. Und theoretisch kannst du von jedem Menschen etwas lernen. Versuch also nicht, deinen Gegner zu dominieren, sondern stell Fragen und sei offen für neue Perspektiven. Sei bereit, deine eigenen Irrtümer zu entdecken und dich persönlich weiterzuentwickeln.

Keine rhetorischen Tricks

Ich hätte dir jetzt auch ein paar rhetorische Tricks an die Hand geben können, wie du sie wahrscheinlich in anderen Büchern findest. Doch was bringt es dir, wenn du dein Gegenüber rhetorisch dominierst? Alles, was du nach einer Diskussion erreicht hast, ist, dein Ego zu schützen. Du fühlst dich richtig, so wie du bist, und musst daher nichts an dir ändern. Das ist für den Moment natürlich schön, aber bringt es dir auf lange Sicht nicht viel mehr, deine Ansichten zu erweitern?

Vorteile einer Diskussion

Was ist der Zweck einer Diskussion? Oder noch grundlegender gefragt: Warum entstehen überhaupt Gespräche zwischen Menschen? Die Antwort lautet: Gespräche helfen uns beim Denken. Wenn wir jemanden haben, der uns gegenübersitzt, spiegelt er uns die Welt wider. Wir können unsere Ansichten oder Erlebnisse erzählen und merken, was unsere Worte in der Welt auslösen. Daran können wir messen, wie sinnvoll das ist, was wir sagen. Wir können unsinnige Gedanken besser erkennen und ausmisten. In Diskussionen äußern wir Ansichten, die stark mit unserem Selbstbild gekoppelt sind oder sogar entscheidend für das Wohl der Welt sind. Daher sind Diskussionen emotional aufgeladener und es fällt uns schwerer, hier nachzugeben. Doch wie so oft im Leben liegt genau da der größte Gewinn, wo es am meisten wehtut.

Ein gutes Gespräch führen

Wie sollte ein Gespräch also aufgebaut sein, damit du davon möglichst profitierst? Wie gesagt, solltest du die Haltung einnehmen, dass du auch falsch liegen könntest. Außerdem solltest du dem anderen wirklich zuhören und dich in seine Lage versetzen. Genau damit tun sich viele Menschen schwer, und es ist zugegeben auch gar nicht so einfach. Daher erfährst du jetzt einen Trick, mit dem das immer funktioniert und du viel von anderen Menschen lernst. Sobald dein Gegenüber eine Aussage getätigt hat, wiederholst du diese mit eigenen Worten und fragst, ob du ihn richtig verstanden hast. Das machst du so lange, bis er sich verstanden fühlt. Erst dann erklärst du deine Sicht zu dem Thema. Wenn du dich an diese Regel hältst, zwingst du dich dazu, durch die Augen deines Gegenübers zu schauen. Du erweiterst dadurch deinen Horizont und wirst wahrscheinlich zum besten Gesprächspartner, den Menschen sich nur wünschen können.

Fazit

Das Fazit lautet also: Geh davon aus, dass du etwas von deinem Gesprächspartner lernen kannst, hör ihm wirklich zu und versetz dich in seine Lage. Je mehr Fragen du stellst und je mehr du zuhörst, desto klüger wirst du. Das Orakel von Delphi nannte damals Sokrates den klügsten Menschen auf Erden. Und das, weil dieser ständig auf dem Markt unterwegs war und nichts anderes tat, als Menschen Fragen zu stellen. Sokrates wusste, dass er nichts wusste. Wissen und Wahrheit sind ein Prozess und kein Zustand und daher hör nie auf, dazuzulernen.

7   Warum deine Ausreden dich vergiften

Deine Ausreden hindern dich daran, deine Faulheit zu überwinden, Verantwortung zu übernehmen und erfolgreich zu sein. In diesem Abschnitt erfährst du, wie du dich von Ausreden befreist, Prokrastination stoppst und dich motivierst.

Warum Menschen Ausreden nutzen

Was meine ich, wenn ich »Ausreden« sage? Ich meine damit, dass du dir eine Geschichte ausdenkst, warum du etwas nicht tun kannst, obwohl du einfach nur zu faul bist. Jetzt stellt sich die Frage, warum Menschen so etwas machen, und die Antwort ist einfach. Während dein Geist ständig etwas will, ist dein Körper grundlegend träge. Du weißt, dass Sport dir gut tun würde, aber dein Körper will lieber sitzen bleiben. Um diesen Konflikt zwischen Körper und Geist zu beheben, erfindest du eine Geschichte, damit der Geist nachgibt. Du sagst dir zum Beispiel: »Wenn ich mich nicht danach fühle, sollte ich wohl kein Sport machen.« Dein Wille zum Sport ist dadurch geschwächt und die Trägheit gewinnt. Für den Moment hast du eine Harmonie hergestellt und eine Lösung gefunden.

Das Problem von Ausreden

Das Problem dabei ist jedoch, dass diese Lösung nur kurzfristig hilft. Du fühlst dich jetzt nicht mehr unter Druck, aber Sport machst du auch nicht. Der Preis, den du jetzt bezahlst, ist um ein Vielfaches höher! Dein Körper wird immer schwächer und am Ende sogar krank.

Die Lösung

Daher stellt sich die Frage: »Wie kannst du damit aufhören, dir Ausreden zu suchen, damit du konsequent in die Umsetzung kommst?« Der Schlüssel liegt darin, dass du dir jedes Mal bewusst machst, wie hoch der Preis ist, den du zahlst, wenn du faul bist. Was passiert, wenn du keinen Sport machst? Was passiert, wenn du dein Studium verkackst? Was passiert, wenn du deinen Job NICHT wechselst? Wenn du diese Faktoren in die Waagschale legst, kommen dir deine Ausreden lächerlich vor.

Deine Integrität

Zum Schluss noch eine Sache, die die allermeisten nicht auf dem Schirm haben. Wenn du das, was ich jetzt sage, wirklich verstanden hast, wirst du Ausreden aus deinem Leben streichen. Jedes Mal, wenn du etwas nicht tust, obwohl du weißt, dass es richtig wäre, verletzt du deine Integrität. Du lebst also nicht nach deinen eigenen Werten. Welche Auswirkungen das hat, ist auf den ersten Blick nicht so sehr ersichtlich, doch sie sind extrem. Dein Selbstwertgefühl leidet stark darunter. Du machst immer wieder die Erfahrung, dass du dir selbst nicht vertrauen kannst. Du verlierst den Respekt vor dir und bekommst psychische Probleme. Du wirst schlechte Beziehungen führen und auch beruflich unmöglich erfolgreich sein.

8   Die drei Gründe, warum die meisten NIE erfolgreich werden

Was machen besonders erfolgreiche Menschen anders als der Durchschnitt? Dieser Frage gehe ich in diesem Text nach. Du bekommst drei Gründe genannt, die viele Menschen von Erfolg abhalten, und Tipps, wie du es besser machen kannst.

Was meine ich mit Erfolg?

Kurz vorab: Was meine ich mit Erfolg? Mit Erfolg meine ich positive Resultate, die in einem Lebensbereich erzielt werden, zum Beispiel gute Beziehungen, Gesundheit, keine finanziellen Engpässe usw. Wenn die Resultate nicht gut sind, gibt es dafür häufig konkrete Ursachen im menschlichen Verhalten. Auf drei typische gehe ich jetzt näher ein.

Grund 1: Zu starker Fokus auf das Ich

Grund Nr. 1 lautet: Menschen denken zu viel an sich selbst. In der menschlichen Natur kommt das Ich an erster Stelle. Dieses Prinzip macht auch Sinn, da es das Überleben des Einzelnen sichert. Doch wirklich erfolgreich im Leben zu sein, heißt mehr, als nur zu überleben. Wer zum Beispiel gute Beziehungen haben will, der muss auch die Bedürfnisse des anderen kennen und daran denken, wie er diese stillt. Wer beispielsweise viel Geld verdienen will, muss lernen, an seine Kunden zu denken, und sein Verhalten danach auszurichten. Erfolg ist also häufig damit verbunden, sich in andere Menschen hineinzuversetzen, anstatt nur auf die eigenen Bedürfnisse zu schauen. Achtung: Eine Sache darfst du hier nicht verwechseln. Das bedeutet nicht, dass du dich ständig für andere aufopfern solltest. Sich immer hintenan zu stellen, ist ebenfalls ein Symptom von Egoismus. Du willst es allen recht machen, um gemocht zu werden. Auch darauf solltest du verzichten.

Grund 2: Denken auf kurze Sicht

Grund Nr. 2 lautet: Menschen denken häufig nur kurzsichtig. Sie richten ihr Verhalten nicht danach aus, welche Resultate sie damit in beispielsweise fünf oder zehn Jahren erzielen. Dementsprechend findet über die Jahre hinweg auch keine positive Entwicklung statt. Besonders erfolgreiche Menschen haben gelernt, heute zu verzichten, damit es ihnen morgen besser geht. Verzichte zum Beispiel heute darauf, Alkohol zu trinken, damit es dir morgen besser geht. Verzichte in den nächsten fünf Jahren darauf, Geld auszugeben, damit du danach investieren kannst und noch später mehr hast als die meisten.

Grund 3: Zu viel Konsum und Ablenkung

Grund Nr. 3 lautet: zu viel Konsum und Ablenkung. Wer in Deutschland lebt, ist aus globaler Sicht mit großem Wohlstand gesegnet. Umso stärker boomt natürlich die Unterhaltungsindustrie. Der Grund: Egal, wie viele Probleme wir lösen, unser Gehirn drängt danach, das nächste anzugehen. Das stört viele und daher lenken sie sich ab. Sie zocken irgendwelche Spiele auf ihrem Smartphone, schauen Netflix und suchen das schnelle Glück. Besonders erfolgreiche Menschen verzichten jedoch auf Konsum und Ablenkung. Sie suchen sich selbst Herausforderungen, auch wenn sie sich bereits im Wohlstand befinden. So nutzen sie die Beschaffenheit des menschlichen Gehirns, um sich stetig weiterzuentwickeln und in Harmonie mit ihrer Natur zu leben.

9 Wie du erfolgreich wirst, ohne etwas zu tun

Viele Menschen arbeiten so viel, dass sie vor lauter Stress krank werden. Dabei könnten sie nicht nur gesünder sein, sondern sogar mehr Geld verdienen, wenn sie ihre Tage effizienter gestalten würden und dafür weniger arbeiten. Mittels Fokus und Minimalismus kannst du durch Nichtstun erfolgreich werden. Wenn du jemand bist, der sehr viel für seinen Erfolg arbeitet, dann ist das vielleicht der Grund, warum du keinen Erfolg hast.

Wir leben in einer Zeit, in der es unzählige Apps und Gadgets gibt, die dein Leben einfacher machen sollen. Dabei habe ich das Gefühl, dass diese vielen Hilfsmittel gar nicht dazu beitragen, dass es Menschen leichter haben oder dass sie erfolgreicher werden. Im Gegenteil: Häufig sorgen sie dafür, dass Menschen den Fokus darauf verlieren, was wichtig und allzu logisch ist. Ein Beispiel: Viele Menschen wollen fitter werden. Was man hierfür braucht, sind drei Dinge: guter Schlaf, gesundes Essen und regelmäßiges Training. Fitter zu werden, ist also gar nicht so kompliziert, doch viele schaffen es nicht, genau diese drei Dinge richtig umzusetzen. Sie kaufen sich Laufschuhe für 160 €, laden sich eine App auf ihr Smartphone, tracken ihre Schritte, aber sind irgendwann frustriert, weil sie keine Fortschritte machen. Wenn sie dann analysieren, was genau schiefläuft, merken sie, dass sie oft spät ins Bett gehen, nicht das Richtige essen oder sie trinken einfach nicht genug. Sie konzentrieren sich auf unwichtige Details wie komplizierte Trainingspläne und verlieren dabei das aus den Augen, was wirklich wichtig ist.

Die Botschaft

Was ich dir sagen will: Es kann gut sein, dass du erfolgreicher wärst, wenn du weniger tun würdest. Vor allem weniger von dem, was dir schadet. Vielleicht musst du ja gar nicht viel leisten, um dich besser zu fühlen, vielleicht musst du einfach mal aufhören, zu rauchen. Also nicht mehr machen, sondern weniger. Weniger schlechtes Essen, weniger negative Nachrichten, weniger sinnlose Unterhaltungen, weniger Aufgaben, weniger Stress und weniger Sorgen.

Beispiel Business

Lass mich dir ein weiteres Beispiel nennen. Gerade Menschen, die selbstständig oder Unternehmer sind, glauben oft, dass sie umso erfolgreicher sind, je mehr sie tun. Sie sind dann ganz stolz auf sich, wenn sie doppelt so viele Arbeitsstunden leisten als der durchschnittliche

Arbeitnehmer. Dabei haben Studien bereits gezeigt, dass Arbeitnehmer mehr leisten, wenn sie zum Beispiel nur noch fünf oder sechs Stunden am Tag arbeiten. Der Trick dabei ist, dass sie in diesen wenigen Stunden komplett fokussiert sind und sich nicht ablenken lassen. Stell dir mal vor, du könntest vielleicht beruflich mehr erreichen, wenn du nur noch halb so viel arbeiten würdest.

Fazit

Wenn du einen möglichst großen Nutzen aus diesem Kapitel ziehen willst, dann denk darüber nach, welche Dinge in deinem Leben wirklich wichtig sind. Überprüf, ob du dich auch wirklich um diese Dinge kümmerst. Welche unwichtigen Tätigkeiten könntest du streichen, um mehr Geld zu verdienen? Womit könntest du aufhören, um gesünder zu sein? Was könntest du sein lassen, um deine Beziehung zu verbessern? Halt dir immer wieder vor Augen, worauf es wirklich ankommt in deinem Leben, und sag zu allem anderen entschlossen »Nein«.

10 Dieses Kapitel (über Hummer) wird dein Leben verändern

Hummer sind wie gemacht dafür, mehr über soziale Hierarchien und Dominanz zu lernen. Sie haben den Kampf um Status vollkommen verinnerlicht und leben in einer Welt aus Gewinnern und Verlierern. Doch was können wir Menschen daraus schließen?

Warum Hummer spannend sind

In diesem Abschnitt will ich dir etwas über Hummer erzählen, denn sie sind spannender, als du vielleicht denkst. Sie leben schon sehr lange auf diesem Planeten und haben bereits die Dinosaurier kommen und gehen sehen. Das bedeutet, dass die Evolution sehr viel Zeit hatte, um diese Spezies darauf zu optimieren, zu überleben. Dennoch sind ihre Gehirne nicht komplex, sondern sogar recht einfach, weshalb Wissenschaftler diese gerne für Experimente nutzen. Da wir das Verhalten der Hummer beobachten, können wir nicht nur viel über sie, sondern auch viel über die menschliche Natur erfahren.

Wie der Hummer tickt

Wenn wir es mal auf den Punkt bringen, was den Hummer derart hartnäckig vor dem Aussterben gerettet hat: sein Hang zu Hierarchien. Dominanzhierarchien finden wir überall in der Natur und natürlich auch bei uns Menschen. Doch beim Hummer wird das hierarchische System ganz besonders deutlich. Nimmt man ein paar Dutzend Hummer und setzt sie in einer neuen Umgebung aus, beginnen sie sofort, das Unterwasserterrain nach einem perfekten Unterschlupf abzusuchen. Die Qualität der Unterkunft spielt für den Hummer eine große Rolle, auch deshalb, weil er sich regelmäßig häutet und dann im Freien ohne seinen Panzer schutzlos wäre. Jetzt ist es aber so, dass es nur eine geringe Anzahl optimaler Unterschlüpfe gibt. Daher sind Hummer ständig auf der Suche und Revierkämpfe entstehen. Vielleicht kennst du dieses Phänomen, wenn du eine Wohnung in der Großstadt gesucht hast. Die Kämpfe folgen einer ganz bestimmten Abfolge, die jeder Hummer kennt, da sie fest in seinem Nervensystem gespeichert ist. Gelegentlich gehen solche Kämpfe tödlich aus, in jedem Fall ist jedoch der Verlierer am Boden zerstört. Nach einer Niederlage kann er sich zu keinen neuen Kämpfen aufraffen und zieht sich für Tage zurück. Sein Selbstbewusstsein ist völlig im Keller. Ein Hummer, der eine Niederlage erlebt hat, wird wahrscheinlich auch den nächsten Kampf verlieren. Sein Gehirn passt sich an den niedrigen Status an und kann sich dabei sogar komplett auflösen und entsprechend erneuern. Nach einer Weile ist die Hierarchie ausgefochten und das stärkste Männchen steht fest. Was jetzt passiert, ist, dass sich ein Weibchen nach dem anderen vor seine Höhle wagt, um sich von ihm befruchten zu lassen. Die Weibchen sparen sich die Energie, die Männchen kennenzulernen und so herauszufinden, wer der beste Beschützer ist und das beste Erbgut besitzt. Sie warten einfach ab und verführen den offensichtlichen Gewinner. Der Gewinner bekommt also nicht nur die beste Wohnung, sondern auch die meisten Frauen.

Botschaft

Warum erzähle ich dir vom Verhalten der Hummer? Es geht mir nicht darum, dass du dich im Leben nach oben prügeln sollst, um dann massenhaft Frauen zu haben. Ich will auch keinen Frauen raten, immer auf die stärksten Schlägertypen zu setzen. Aber ich will dir nahebringen, wie wichtig es ist, zu gewinnen. Gewinn und Niederlage haben eine enorme Auswirkung auf unsere Psyche und somit auf unsere Zukunft. Zum Glück sind die Spiele, die wir Menschen spielen, nicht so primitiv wie die des Hummers. Zudem gibt es unendlich viele von den Spielchen, weshalb du dir es aussuchen kannst, in dem du am wahrscheinlichsten gewinnst. Sorg also dafür, dass du auf genau deinem Gebiet Erfolgserlebnisse sammelst. Dabei bleibt es vollkommen dir überlassen, ob du in den Boxring steigst, Software programmierst, Gitarre spielst oder ein Unternehmen aufbaust. Wichtig ist, dass du dir Herausforderungen suchst und dafür sorgst, dass du diese bewältigst. Je höher dein gefühlter Status ist, desto mehr beruhigendes Serotonin fließt durch deine Nervenbahnen, desto weniger oft wirst du krank und desto leichter kommst du im Leben voran.

11 Warum du gestresst bist (und keinen Erfolg hast)

Häufig arbeiten Menschen möglichst viel für ihren Erfolg, kommen jedoch nicht voran. Sie geraten dann in Stress und Burn-out, anstatt ihr Ziel zu erreichen. Damit es dir nicht so ergeht, erfährst du in diesem Abschnitt, wie du deine Ziele möglichst effizient und mit Leichtigkeit erreichst.

Viele Menschen leben nach dem Grundsatz: »Wenn ich viel arbeite, werde ich auch besonders erfolgreich.« Das ist auch nicht ganz unlogisch, denn schaut man sich extrem erfolgreiche Menschen an, ist zu erkennen, dass sie meistens sehr viel arbeiten. Ich glaube aber, dass es noch einen anderen Faktor gibt, der viel entscheidender für deinen Erfolg ist. Und dieser lautet: langfristige Zielsetzung. Alle extrem erfolgreichen Menschen haben weit in die Zukunft gedacht und ihren Alltag danach ausgerichtet, wo sie in fünf, zehn oder noch mehr Jahren stehen wollen. Machst du das bereits genauso oder denkst du bisher nur daran, was du am Jahresende erreicht haben willst?

Das Leben ist ein Marathon

Vielleicht solltest du das Leben mehr wie einen Marathon betrachten und nicht als einen Sprint. Denn was bringt es dir, wenn du direkt am Anfang Vollgas gibst und an der Spitze stehst, du aber noch 40 Kilometer vor dir hast und völlig fertig bist? Anders gesagt: Was bringt es dir, wenn du in diesem Jahr voll reinhaust und deine Jahresziele erreichst, wenn du danach einfach nicht mehr kannst? Was du wahrscheinlich wirklich willst, ist langfristig erfolgreich zu sein und dabei auch genug Zeit für dich zu haben. Angenommen, du überlegst jetzt, wo du in zehn Jahren stehen willst und wie du dort hinkommst. Dann solltest du nicht nur einplanen, welche Etappenziele du erreichen musst, sondern auch, wie diese Reise möglichst entspannt abläuft. Wenn du einen Marathon gewinnen willst, musst du auch mit deiner Energie haushalten. Bezogen auf das Leben bedeutet das, dass du nicht unbedingt jeden Abend völlig erschöpft ins Bett fallen solltest. Das klingt doch sehr logisch. Aber was hält dich davon ab, dir die notwendige Entspannung zu gönnen?

Glaubenssätze auflösen

Frag dich mal: »Warum glaube ich, täglich viel arbeiten zu müssen?« Deine Antworten auf diese Frage sind vielleicht gar nicht so überzeugend. Manche Menschen haben ein schlechtes Gewissen, wenn sie nicht mehr arbeiten als der Durchschnitt. Hast du vielleicht das Gefühl, dass man das einfach von dir erwartet? Hast du vielleicht Angst davor, andere zu enttäuschen, wenn du sagst: »Stopp. Ich brauche jetzt mehr Zeit für mich selbst?« Stell dir diese Fragen und überprüf, ob deine Glaubenssätze dich wirklich dahin bringen, wo du in zehn Jahren stehen willst.

Viel zu arbeiten bringt nichts

Sicher kennst du den Spruch: »Arbeite smart, statt hart.« Hier ist vielleicht mehr dran, als du denkst. Wer in Deutschland lebt und arbeitet, verdient im Durchschnitt 3.770 € brutto bei einer 40-Stunden-Woche. Jetzt gibt es Leute, die verdienen locker das 10-fache, sagen wir mal 40.000 € im Monat. Würde viel zu arbeiten zu viel Geld führen, müssten diese Leute ja auch 10-mal so viel arbeiten als der Durchschnitt – also 400 Stunden pro Woche. Du merkst, die Rechnung geht nicht auf, und daher kann viel zu arbeiten auch nicht die Lösung sein. Mein Rat an dich lautet: Setz dir langfristige Ziele und halt diese wirklich im Fokus. Tu dann möglichst viel von dem, was dich zu deinem Ziel bringt, und streich alles, was dich davon wegbringt, aus deinem Alltag. Dazu gehört auch, dass du dich nicht abrackerst, sondern dir Pausen gönnst. Es kann gut sein, dass du leichter und sogar schneller vorankommen würdest, wenn du weniger tust.

12 Die drei Schlüssel zu einem extrem erfolgreichen Leben

Viele Menschen arbeiten sehr viel und geben sich täglich große Mühe. Dennoch kommen sie in ihrem Leben nicht voran. Große Last zu tragen, ohne dem Ziel näherzukommen, ist deprimierend und kann sogar zum Burn-out führen. Dabei gibt es Menschen, die scheinbar mit Leichtigkeit große Leistung vollbringen. Was wirklich hinter einem extremen Erfolg steckt und wie du effizient Ziele erreichst, ohne dich kaputtzumachen, erfährst du jetzt.

Schlüssel 1: Kenn dein »Warum«

Wenn du diesen Text liest, bist du wahrscheinlich ein Mensch, der überdurchschnittlich viel erreichen will. Wenn du überdurchschnittlich viel erreichen willst, musst du auch überdurchschnittlich viel leisten. Du musst anders leben als die meisten und daher auch eine gewisse Kritik ertragen. Du hast einen höheren Anspruch an dich selbst und spürst einen größeren Druck als die meisten. Kurz gesagt: Erfolg hat seinen Preis. Damit du bereit bist, das Notwendige für deinen Erfolg zu tun, solltest du dein »Warum« kennen. Je größer dein Warum ist, desto stärker ist dein Motor und umso leichter überwindest du Hindernisse. Überleg dir also genau, wie dein Leben aussehen soll, und wähl deine Ziele so, dass sie diesem Leben dienen. Wenn es dein Traum ist, frei zu sein und die Welt zu sehen, dann weißt du genau, warum du dir die Mühe machst, dein Online-Business aufzubauen, in kürzerer Zeit mehr zu erreichen oder finanziell frei zu werden. Dein Warum ist dann besonders stark, wenn es auch anderen Menschen dient. Zum Beispiel: Die Box-Legende Muhammad Ali hat laut eigener Aussage seine Bekanntheit und seinen Ruhm genutzt, um andere Menschen zu inspirieren und aufzubauen. Überleg dir also, wie dein Erfolg anderen Menschen hilft. Je erfolgreicher du bist, desto besser wird diese Welt. Du zeigst anderen Menschen, dass es möglich ist, persönlich zu wachsen. Du wirst zur Inspiration und zum Vorbild für dein Umfeld.

Schlüssel 2: Tu schwere Dinge

Schlüssel Nr. 2 lautet: Tu Dinge, die dir schwerfallen. Ein Sprichwort sagt: »Tu nur das, was dir leichtfällt, und du wirst es im Leben sehr schwer haben. Tu hingegen das, was dir schwerfällt, und du wirst es im Leben sehr leicht haben.« Das klingt paradox, aber entspricht der Wahrheit. Ein Beispiel: Stell dir einen Menschen vor, der keinen Sport macht, da es ihm schwerfällt. Es fällt ihm viel leichter, einfach nur täglich vor dem PC zu sitzen. Die Konsequenz ist, dass er irgendwann Rückenprobleme hat, erkrankt und es von da an besonders schwer hat im Leben. Hätte dieser Mensch es sich zumindest zweimal pro Woche schwergemacht, indem er Sport getrieben hätte, hätte er die Rückenprobleme verhindern können. Ein Mensch, der es sich gar nicht erst leichtmachen will, sondern viel von dem tut, was ihm schwerfällt, und zum Beispiel jeden Morgen Sport treibt, hat es einmal am Tag schwer, fühlt sich aber sein ganzes Leben lang überdurchschnittlich gut, ist überdurchschnittlich erfolgreich und gesund. Es lohnt sich also, sich auf die Dinge zu stürzen, die schwerfallen. Gerade die Dinge, die uns schwerfallen, bringen den schnellsten und größten Erfolg. Wenn du dich auf diese Dinge konzentrierst, sparst du enorm viel Zeit. Wenn ich mich auf einen Marathon vorbereite, überlege ich mir, welche Trainingsmethoden den größten Effekt bringen. Diese sind in der Regel besonders schwer. Doch am Ende benötige ich viel weniger Training, um die gleichen oder bessere Resultate zu erzielen als der Rest. Mein Tipp: Überleg dir jeden Tag, welche Tätigkeit auf deinem Tagesplan dich am meisten Überwindung kostet, und erledige diese sofort. Du wirst dich daran gewöhnen und automatisch viel erfolgreicher sein als der Durchschnitt. Außerdem empfehle ich Folgendes: Such dir jeden Monat eine Challenge. Welche Tätigkeit liegt einerseits außerhalb deiner Komfortzone, andererseits findest du sie sehr reizvoll? Vielleicht willst du dich auf Toastmasters anmelden und einen Vortrag halten. Vielleicht willst du mit einer neuen Sportart beginnen. Vielleicht willst du einen Menschen ansprechen, den du sehr attraktiv findest. Gewöhn dir an, sinnvolle Dinge zu tun, die dir schwerfallen. Wenn du sie getan hast, klopf dir auf die Schulter und gönn dir etwas.

Schlüssel 3: Spezialisierung

Schlüssel Nr. 3 lautet: Werde zum Spezialisten. Extrem erfolgreiche Menschen wie Picasso, Mozart, Cristiano Ronaldo sind in der Regel Spezialisten auf genau einem Gebiet. Fälschlich wird von der Allgemeinheit oft angenommen, dass jemand wie Mozart mit einer Gabe geboren wurde. Studiert man jedoch Mozarts Leben, erkennt man, dass auch er zehn Jahre tägliches Training gebraucht hat, um den Status des genialen Musikers zu erlangen. Die Wahrheit ist: Auch du kannst zu den Top-Experten der Welt gehören, wenn du dich mindestens zehn Jahre täglich auf genau ein Gebiet fokussierst. Achte darauf, dass du täglich etwas Neues lernst und deine Fertigkeiten optimierst. Viele Menschen arbeiten zehn Jahre in einem Beruf, ohne sich weiterzuentwickeln. Sie rufen nur dasselbe Wissen ab, das sie sich in den ersten drei Jahren angeeignet haben. Vermeide diesen Fehler. Hör nie auf, dich weiterzubilden. Lies Bücher, besuch Seminare und lass dich von Menschen coachen, die bereits das Wissen haben, das du benötigst.

13 So kommunizierst du richtig

Die Art deiner Kommunikation entscheidet über deinen Erfolg allgemein, aber auch in Beziehungen. Daher erhältst du in diesem Text Tipps, wie du souverän auftrittst und offen Probleme ansprichst, ohne persönliche Konflikte auszulösen. Dein Erfolg hängt davon ab, wie du kommunizierst. Worauf genau es ankommt, erfährst du jetzt.

Schauen wir uns die Kommunikation der weltweit größten Unternehmer und Führungspersönlichkeiten an, stellen wir fest, dass diese auffällig klar und direkt kommunizieren. Sie haben keine Skrupel, das auszusprechen, was sie für die Wahrheit halten, und Probleme beim Namen nennen. Diese Eigenschaft ist extrem wichtig, wenn es darum geht, bestimmte Ergebnisse zu erzielen. Läuft etwas in einem Unternehmen oder einer Gruppe verkehrt, muss zuerst das Problem benannt werden, bevor es gelöst werden kann. Viele haben jedoch große Skrupel, Missstände anzusprechen. Warum ist das so? Sobald du jemandem erzählst, was er falsch macht, wird das negative Gefühle in ihm auslösen. In der Folge kann es sein, dass dieser jemand diese negativen Gefühle mit dir verknüpft. Mit anderen Worten: Du machst dich unbeliebt. Vor rund einer Million Jahren war es noch lebensgefährlich, sich in einer Gruppe unbeliebt zu machen. Wenn du nicht Teil eines Teams warst, konntest du kein Mammut erlegen und nicht überleben. Noch heute steckt diese Angst in uns und wir versuchen, unseren Mitmenschen zu gefallen. Wie du es schaffst, Probleme offen anzusprechen und Menschen zu kritisieren, ohne wie ein Tyrann zu wirken, erfährst du jetzt.

Hör aufmerksam zu

Die hohe Kunst der Kommunikation besteht in erster Linie nicht daraus, zu reden, sondern aufmerksam zuzuhören. Wenn du also jemanden auf ein Problem ansprichst, hör dir erst genau an, was er dazu zu sagen hat. Aufmerksames Zuhören hilft dir dabei, die Ursache für ein Problem herauszufinden. Außerdem ist es ein Zeichen von Wertschätzung, das Menschen nur sehr selten erhalten. Wenn du deinem Team aufmerksam zuhörst, motivierst du es, du stärkst sein Selbstwertgefühl und sorgst dafür, dass es seine Aufgabe gerne macht. Nachdem du jemandem tatsächlich und aufrichtig zugehört hast, ist dieser gerne dazu bereit, deine Ansichten wertzuschätzen und dir entgegenzukommen. Ein Trick, den du sicher schon beobachtet hast, ist der, dir die Finger auf den Mund zu legen, während dein Gegenüber spricht. So erinnerst du dich daran, aufmerksam zuzuhören, anstatt selbst zu sprechen.

Sag es mit Respekt

Eine wichtige Lektion zum Thema Kommunikation lautet: Du kannst ALLES sagen, wenn du es mit dem nötigen Respekt tust. Mach dir das unbedingt bewusst. Das bedeutet: Wann immer du jemanden kritisieren musst – du kannst es tun. Solange du dabei respektvoll bist, brauchst du keine Angst zu haben, dass du eine Beziehung dadurch schädigst. Ein Beispiel: Du verabredest dich mit einem Bekannten zum Essen. Dieser kommt über eine halbe Stunde zu spät. Da du dich in Zukunft so nicht behandeln lassen möchtest und deine Zeit wertvoll für dich ist, musst du dies deinem Bekannten mitteilen. Der falsche Weg wäre, ihn mit Vorwürfen zu bombardieren. Er würde sich gekränkt fühlen und nach möglichst vielen Gründen suchen, um sein Zuspätkommen zu rechtfertigen. Was du eher tun solltest: Zeig zunächst Anerkennung dafür, dass er erschienen ist, und sag ihm, dass du dich auf das gemeinsame Essen freust. Sag ihm dann, dass du deine wie auch seine Zeit für sehr wertvoll hältst und du daher großen Wert auf Pünktlichkeit legst. Höchstwahrscheinlich wird dir dein Gegenüber diese Kritik nicht übel nehmen. Im Gegenteil: Wahrscheinlich ist er dir dankbar für deine Ehrlichkeit, da er jetzt weiß, woran er bei dir ist.

Kritisier nie die Person

Die letzte Lektion, die ich dir mitgeben möchte, hilft dir nicht nur im Beruf, sondern auch in der Ehe: Kritisier immer einen Umstand und niemals die Person. Kritik führt fast nie dazu, dass sich ein Mensch ändert, und das aus folgendem Grund: Durch Kritik fühlen sich Menschen gekränkt. Damit der Kritisierte sich so schnell wie möglich wieder wertvoll und richtig fühlt, macht er meistens zwei Dinge: Er stuft den Kritiker herab und er findet möglichst viele Gründe, um sein eigenes Verhalten zu rechtfertigen. Du musst also vermeiden, dass sich jemand durch deine Kritik verletzt fühlt, und das tust du, indem du über einen bestimmten Umstand sprichst. Angenommen, du leitest ein Projekt und jemand hat bei der Umsetzung einen Fehler gemacht. Sprich nicht darüber, in welcher Weise sich die Person falsch verhalten hat. Rede ganz spezifisch über das Problem und seine Folgen. Ein Beispiel: Du bestellst eine Infografik bei einem Grafiker und merkst, dass sich darin ein Tippfehler befindet. Dann wäre es schlecht, zu sagen: »Du hast einen Fehler in der Grafik übersehen.« Besser wäre: »Da ist ein Fehler in Feld x. Bitte kontrollier deine Grafiken immer so, dass wir sie direkt veröffentlichen können.« Benenn möglichst genau, was passieren müsste, um das Problem zu lösen. Sei immer möglichst klar und zielorientiert in deiner Kommunikation.

14 Angst zu kündigen: Nur so schaffst du es!

Hast du Angst davor, zu kündigen? Fragst du dich: »Wie komme ich aus meinem Job?« In diesem Abschnitt erhältst du eine hilfreiche Anleitung, dank derer du deine Angst überwindest, deine Arbeitsstelle wechselst und endlich deinen Traum lebst.

Das Problem

Wenn du mit dem Gedanken spielst, deinen Job zu kündigen, dann hast du entweder die Schnauze voll oder etwas Attraktiveres im Auge. In diese Situation kommt so gut wie jeder einmal, doch viele belassen einfach alles beim Alten. Das liegt daran, dass uns das Gewohnte als sicher erscheint. Neue Dinge, auch wenn sie besser sind, schrecken uns immer etwas ab, da sie Risiken mit sich bringen. Du hast also Angst vor dem Neuen und das ist ganz normal. Denk bloß nicht, dass die Angst irgendwann weggeht. Ein Jobwechsel wird sich immer etwas unangenehm anfühlen, da er ein Schritt ins Unbekannte darstellt. Du kannst aber trotz deiner Angst das tun, was du für richtig hältst, und ich erkläre dir, wie.

Mach dir einen Plan

Auch wenn die Angst nicht ganz weggeht, kannst du sie immerhin abschwächen, und dazu rate ich dir. Das schaffst du am effektivsten, indem du dir einen konkreten Plan für deinen Wechsel erstellst. Das ist natürlich besonders dann wichtig, wenn du dich selbstständig machst. Teste schon vor deinem Wechsel, ob du mit deiner Selbstständigkeit Kunden gewinnen kannst. Rechne dir genau aus, wie viel Geld du benötigst. Rechne dann aus, wie viele Kunden du benötigst. Gestalte schon mal Systeme, nach denen du deine Kunden gewinnst und glücklich machst. Wenn du einen konkreten Plan hast, dann beruhigt dich das. Aber Achtung: Die Angst wird dadurch nicht komplett weggehen. Du musst trotzdem ins kalte Wasser springen.

Stell deine Angst infrage

Wenn du keinen Plan hast, ist deine Angst berechtigt, doch auch mit einem Plan werden Ängste in dir aufkommen. Diese sind jedoch sehr häufig irrational und daher rate ich dir: Stell deine Ängste infrage. Das machst du am besten schriftlich. »Muss man wirklich als

Selbstständiger viel mehr arbeiten? Rutsche ich wirklich in die Armut, wenn ich mal keine Kunden finde?« Wenn du deine Ängste aufschreibst, kannst du sie objektiv bewerten. Um sie dann aus deinem Kopf zu verbannen, schreibst du Gründe auf, warum eine Angst schwachsinnig ist.

Bekämpf Angst mit Angst

Wenn das noch nicht ausreicht, damit du in die Umsetzung kommst, hab ich noch einen letzten Tipp für dich: Bekämpfe Angst mit Angst. Angst ist unser stärkster Antrieb und diesen kannst du positiv für dich nutzen. Schreib auf, welche negativen Auswirkungen es hat, wenn du für immer in deinem Job bleibst. Was macht das mit deiner Psyche? Was macht das mit deinen Finanzen? Mach dir die negativen Auswirkungen deines Jobs bewusst, damit du dazu gezwungen bist, etwas zu ändern.

Fazit zum Thema Angst vor der Kündigung

Das waren meine drei Tipps, mit denen du die Angst vor dem Kündigen verlierst: Mach dir einen konkreten Plan, stell deine Angst infrage, bekämpf Angst mit Angst.

15 Das hält dich von Erfolg und Wohlstand ab

Auch wenn jeder von uns Erfolg und Wohlstand für sich und damit ganz anders definiert, habe ich in den letzten zehn Jahren immer wieder die Erfahrung gemacht, dass wir Menschen alle die gleichen Ziele, Ängste und Herausforderungen haben. Oft erreichen Menschen ihre Ziele nicht, weil sie den Zielen anderer Menschen hinterherrennen und erst viel zu spät merken, dass es sie nicht glücklich macht. Du erfährst in diesem Abschnitt die fünf Dinge, die dich von deinem persönlichen Erfolg und deinem Wohlstand abhalten.

Jeder hätte gerne einen gewissen Grad an Wohlstand in seinem Leben, aber nur wenige erreichen diesen. Warum ist das so? Coaching-Axiome sagen: »Wenn jemand anderes dazu in der Lage ist, dann bist du es auch.« Die Frage ist also: Was machst du anders als die Menschen, die bereits ihr Traumleben haben und ihre Ziele erreichen?

Deine innere Einstellung gegenüber Wohlstand und Erfolg

Welchen Glauben hast du gegenüber Geld und Wohlstand? Durch die Erziehung haben viele gelernt, dass Geld etwas Schlechtes ist und Probleme bereitet. Welche Gefühle verbindest du mit Geld? Was denkst du über reiche Menschen? Glaubst du, sie sind geizig und böse? Denkst du vielleicht, dass du keinen Wohlstand verdient hast? Deine negativen Glaubenssätze zum Thema Geld hindern dich daran, Wohlstand aufzubauen.

Das Gute ist: Wenn du diese Glaubenssätze kennst, kannst du sie ändern. Mach folgende Übung: Schreib auf ein Blatt Papier möglichst viele Sätze, die mit den Worten »Geld ist …« oder »Reiche Menschen sind …« anfangen. Mach das schnell und intuitiv und finde möglichst viele negative Glaubenssätze, die in deinem Unterbewusstsein stecken. Stell deine negativen Glaubenssätze infrage, indem du aufschreibst, warum sie nicht stimmen. Beispiel: Viele reiche Menschen spenden, gründen Stiftungen, bauen Schulen in Afrika – sind also nicht böse. Schreib dann auf, warum du Wohlstand verdient hast. Welchen positiven Nutzen trägst du in diese Welt?

Du arbeitest für Geld

Besonders erfolgreiche Menschen arbeiten nicht für Geld, sondern um persönlich zu wachsen. Dank dieser Einstellung verdienen sie mehr als die meisten. Wer seine Arbeit nur wegen des Geldes macht, ist ausgelaugt und unmotiviert. Wer seine Arbeit liebt und sie gerne tut, der wird immer besser darin, leistet immer mehr und verdient dadurch auch mehr Geld.

Stell dir die Frage: Liebe ich die Arbeit, der ich gerade nachgehe? Wenn du kein Geld verdienen müsstest, was würdest du dann arbeiten?

Dir fehlt das notwendige Wissen

Viele Menschen arbeiten sehr viel, aber bilden sich nicht weiter. Daher erreichen sie anfangs ihre Ziele und bleiben dann doch irgendwann in ihrer Persönlichkeitsentwicklung stehen. Wenn ich mir ein Ziel setze, finde ich erst heraus, wie es andere erreicht haben uns was ich tun muss. Als ich beschloss, die 1.200 km den Rhein von der Quelle bis zur Mündung mit dem SUP zu paddeln, schaute ich mir erst mal an, wie es die anderen vor mir gemacht hatten.

Dein Konsum

Viele Menschen konsumieren unnütze Dinge, um sich kurzfristig besser zu fühlen. Manche verschulden sich sogar, um ein Handy, Fernseher oder Auto zu kaufen. Erfolgreiche Menschen konsumieren möglichst wenig – sie investieren. Investitionen kosten auch Geld, doch sie machen dich gesünder, intelligenter, leistungsfähiger und bringen dir wiederum Geld ein. Es ist deine Entscheidung, ob du monatlich Geld für Netflix ausgibst oder dir monatlich ein neues Buch kaufst, durch das du dich persönlich weiterentwickelst oder neue Kompetenzen in deinem Beruf aufbaust.

Du hast keinen Coach oder Mentor

Der schnellste Weg, um ein Ziel zu erreichen, ist, Kontakt mit jemandem aufzunehmen, der das Ziel bereits erreicht hat. Wenn du einen Mentor im Leben suchst, dann stell dir die Frage: Wer ist bereits dort, wo ich hin will? Außerdem: Was kann ich für diesen Menschen tun? Halt nicht die Hand auf, sondern sorg dafür, dass er dir etwas schuldig ist.

16 Marathon laufen (fast) ohne Training

Ist es möglich, einen Marathon zu laufen, mit nur zwei Stunden Lauftraining pro Woche? Ich sage ganz klar: Ja! Ich konnte mit einem speziellen Trainingsplan einen 250-km-Marathon bezwingen. Dabei reduzierte ich mein Lauftraining auf zwei Stunden pro Woche und setzte vor allem auf Erholung. In diesem Abschnitt erfährst du, wie ich das gemacht habe.

Nur zwei Stunden Training pro Woche

Vorab: Ganz ohne Training geht es natürlich nicht bzw. das empfehle ich dir nicht. Aber wer sich auf einen Marathon vorbereitet, trainiert in der Regel zwischen 20 und 40 Stunden pro Woche. Das ist mir persönlich viel zu viel! Ich will auch noch Zeit für andere Dinge haben, und darum habe ich einen Weg gesucht, die Trainingsdauer radikal zu minimieren. Das Großartige daran: Ich habe eine Methode gefunden, die nicht nur minimalistischer, sondern auch um ein Vielfaches wirksamer ist als konventionelle Herangehensweisen. Dank dieser Methode konnte ich mich von fünf auf 250 km Marathon steigern, und das mit nur zwei Stunden Lauftraining pro Woche.

HIIT

Üblicherweise trainieren Marathonläufer vor dem Marathon, indem sie möglichst lange Strecken laufen und das möglichst oft. Genau das habe ich nicht gemacht. Ich habe mich an sehr kurze Trainingseinheiten gehalten, mit viel Erholung dazwischen. Die Methode, mit der ich trainiert habe, heißt High Intensity Interval Training – kurz: HIIT. Sie stammt aus dem Bodybuilding, und durch die Beobachtung von Löwen. Diese ruhen sich fast den gesamten Tag aus und legen dann nachts kurze intensive Sprints hin, um Beute zu jagen. Dieser Lebensstil der Löwen sorgt dafür, dass sie so extrem fit sind.

Was ich konkret gemacht habe

Ich habe einen 12-Wochen-Plan erstellt, der nur zwei Stunden Lauftraining pro Woche enthielt. Das Lauftraining kombinierte ich mit einem intensiven Krafttraining.

Was du daraus lernen kannst

Egal, ob du so ein HIIT für dich nutzen willst oder nicht: Du solltest dich für den Gedanken öffnen, dass deine Ziele viel schneller und effizienter erreicht werden können. Das erfahre ich immer wieder bei meinen Challenges. Ich orientiere mich nicht daran, was normal ist, sondern hinterfrage den Status quo und suche den effizientesten Weg. Das funktioniert nicht nur im Sport, sondern in allen Lebensbereichen.

17 Enthüllt: Das Erfolgsgeheimnis von Benjamin Franklin

Benjamin Franklin gilt als einer der erfolgreichsten Menschen überhaupt. Daher macht es Sinn, seine Erfolgsmethoden und Gewohnheiten näher anzuschauen. Folgend erfährst du, was genau Benjamin Franklin erfolgreich machte. Wenn du in deinem Leben besonders erfolgreich sein willst, solltest du dir die Erfolgsmethoden extrem erfolgreicher Menschen anschauen. Folgend stelle ich dir die Erfolgsmethoden von Benjamin Franklin vor, einer der berühmtesten Menschen, die je gelebt haben.

Benjamin Franklin wurde 1706 in Amerika geboren und wurde 84 Jahre alt. Er beschäftigte sich schon in jungen Jahren mit dem, was wir heute als Persönlichkeitsentwicklung bezeichnen. Er gründete einen Club, in dem Mitglieder lernten, wie sie ein glückliches und erfolgreiches Leben leben. Später wurde er in gleich mehreren Sparten übermäßig erfolgreich: als Staatsmann, Autor, Erfinder, Drucker und Wissenschaftler. Wie kann ein Mensch in seinem Leben so viel erreichen? Da Benjamin Franklin uns seine Memoiren hinterlassen hat, können wir das heute zumindest teilweise nachvollziehen.

Moral

Besonders auffällig war Franklins Hang zur Moral. Er wollte als Mensch moralische Perfektion erreichen. Um das zu schaffen, erfand er eine bestimmte Methode. Zuerst formulierte er insgesamt 13 Werte, nach denen er sein Handeln ausrichten wollte. Dann erstellte er einen Wochenplan mit 13 Zeilen für seine Werte und 7 Spalten für die Wochentage. Verstieß er an einem Tag gegen einen Wert, setzte er im entsprechenden Feld einen Punkt. So konnte er immer sehen, wenn er gegen seine eigenen Regeln verstoßen hatte. Auch wenn er es nie schaffte, eine Woche ohne Punkte zu verbringen, verhielt er sich dadurch extrem vorbildlich. Das strikte Halten an die eigenen Werte war sein Geheimnis für seinen großen Erfolg. Was kannst du daraus lernen? Werde dir über deine eigenen Werte bewusst. Schreib konkret auf, wie du dich in dieser Welt verhalten willst.

Akzeptier deine Schwächen

Als Benjamin Franklin etwas älter war, traf ihn eine Einsicht. Er hatte immer große Probleme damit gehabt, Ordnung einzuhalten, was ebenfalls zu seinen Werten zählte. Er erkannte, dass es besser ist, manche Schwächen zu akzeptieren, da man sonst zu viel Energie verbrennt. Das bedeutet, dass er sich von seinem moralischen Perfektionismus entfernte und sich Fehlbarkeit eingestand. Das empfehle ich dir auch, wenn du dein Leben nach deinen Werten ausrichtest. Akzeptier, dass du es nicht immer schaffst, dich entsprechend deinen Werten zu verhalten. Deine Werte dienen dir lediglich als Leuchtturm – zur Orientierung.

Die Macht der Fragen

Wie wir uns fühlen und wie wir handeln, wird durch unsere Gedanken bestimmt. Um Gedankenprozesse zu steuern, können wir uns gezielt Fragen stellen. Genau das machte auch Benjamin Franklin. Er stellte sich jeden Morgen dieselbe Frage: »Was kann ich heute Gutes tun?« Am Abend stellte er sich die Frage: »Was habe ich heute Gutes getan?«

So brachte er sich dazu, jeden Tag in seinem Leben positiv auszurichten. Am Abend machte er sich seine Erfolge bewusst und erlangte so neues Selbstvertrauen. Ich empfehle dir, diese Gewohnheit zu kopieren. Stell auch du dir jeden Morgen Fragen, die deinen Geist positiv ausrichten. Du könntest dir die Frage stellen: »Wofür bin ich dankbar?« Und dann mindestens zehn Dinge auflisten. Stell dir jeden Abend die Frage: »Was habe ich heute alles erreicht?«

Fazit

Wenn wir uns extrem erfolgreiche Menschen ansehen, merken wir, dass sie ihre Tage deutlich anders gestalten im Vergleich zur Allgemeinheit. Sie gestalten ihr Leben bewusst, sind diszipliniert und stellen ihr Verhalten infrage. Das bedeutet: Sei auch du bereit, dich zu ändern und Dinge anders zu machen. Denn so kannst du dich persönlich entwickeln und übermäßigen Erfolg erzielen.

18 Wie du Menschen gezielt manipulierst

Dein persönlicher Erfolg ist auch immer von anderen Menschen abhängig. Gerade wenn es darum geht, andere zu führen, ist es wichtig, Manipulationstechniken zu kennen, die dein Team motivieren. So können auch höchste Ziele erreicht werden. Doch ist Manipulation böse? Egal, ob du Unternehmer bist oder Angestellter, du musst wissen, wie du Menschen manipulieren kannst. Anders ist ein erfolgreiches Leben nicht möglich. Und daher erhältst du jetzt hilfreiche Tipps.

Manipulation ist doch böse?!

Vielleicht denkst du jetzt gerade: »Manipulation ist böse.« Dann hast du vielleicht noch nicht ganz verstanden, was Manipulation in Wahrheit ist. Du kannst unmöglich mit einem Menschen kommunizieren, ohne ihn zu manipulieren. Schon allein, wenn du einen Menschen ansprichst, manipulierst du ihn. Eigentlich waren seine Gedanken woanders, aber du hast seine Aufmerksamkeit zu dir hingelenkt. Auch deine Kleidung ist eine Form der Manipulation. Immer wenn eine Frau Make-up trägt, manipuliert sie ihr Umfeld. Was ich damit sagen will: Manipulation ist nicht grundsätzlich böse, sondern ganz natürlich. Wichtig dabei ist, dass sie nicht nur dir dient, sondern auch den anderen.

Drei Stufen der Manipulation

Bevor ich dir Tipps an die Hand gebe, mit denen du deinen Einfluss auf dein Umfeld gezielt verstärken kannst, will ich dir die drei Stufen erklären, in denen Menschen lernen, mit Manipulation umzugehen. Stufe 1 beginnt mit deiner Geburt. Du bist ein Kind und wirst von morgens bis abends von deinen Eltern manipuliert. Du gestaltest dein Leben nicht selbst und das ist dir nicht einmal bewusst. Stufe 2 beginnt in den Trotzphasen der Kindheit und später in der Pubertät. Hier wird dir die Manipulation bewusst und du wehrst dich. Dabei unterscheidest du kaum, ob die Beeinflussung sinnvoll ist oder nicht –, du wehrst einfach alles ab. Diese Phase ist wichtig, um ein Gefühl für das eigene Ich und für die eigene Entscheidungskraft zu entwickeln. In Stufe 3 bist du erwachsen. Du verstehst, dass es normal ist, manipuliert zu werden, und lässt dich auch manipulieren, wenn es dir nutzt. Außerdem übst du gezielt Einfluss auf andere Menschen aus. Viele Menschen bleiben zumindest teilweise in Stufe 2 hängen. Ich erlebe immer wieder in Coachings, dass Menschen mit Abwehr reagieren, wenn es darum geht, das eigene Denken und Verhalten zu ändern. Wenn du dich in so einer Abwehrhaltung wiedererkennst, mach dir bewusst, welche Konsequenzen das hat. Du schützt dich zwar vor negativer Manipulation, aber verwehrst auch deinen Mitmenschen, dich glücklich zu machen und dich in deiner Entwicklung zu fördern.

Tipp 1: Kommunizier das gemeinsame Ziel

Angenommen, du bist Unternehmer oder leitest eine Abteilung, dann solltest du deinem Team klar machen, was genau ihr gemeinsam erreichen wollt. Menschen sind dann motiviert, wenn sie einen Sinn in dem sehen, was sie tun und ein konkretes Ziel vor Augen haben. Teilen sie ihr Ziel mit einer Gruppe, wird diese Motivation noch verstärkt. Sorg also dafür, dass dem gesamten Team das gemeinsame Ziel bewusst ist, und die Motivation und Freude an der Arbeit wird steigen.

Tipp 2: Mach deinen Teammitgliedern die Vorteile bewusst, die sie durch das Erreichen des Ziels erhalten

Hierbei ist es eine Hilfe, die Motive des Einzelnen zu kennen. Ist ein Angestellter zum Beispiel statusorientiert, motiviert ihn die Aussicht auf eine höhere Funktion. Gerade im Vertrieb wird gerne mit Incentives gearbeitet. Das bedeutet, dass die Vertriebler bestimmte Belohnungen erhalten, wenn sie ein Ziel erreichen. Das können Urlaube oder hohe Geldbeträge sein. Auch im Privatleben macht es Sinn, sich in den anderen hineinzuversetzen und zu überlegen: Was bringt IHM das? Wenn du mit deinem Partner eine Reise machen willst, dann geh darauf ein, was ihm gefällt und wie ER von dieser Reise profitiert.

Tipp 3 hat enormes Potenzial und lautet: Sei ein Vorbild

Abraham Lincoln sagte: »Was du tust, spricht so laut, ich kann deine Worte nicht hören.« Gerade Kinder lernen von ihren Eltern in erster Linie dadurch, dass sie ihr Verhalten kopieren. Deswegen bringt es auch wenig, einem Kind zu erzählen, dass es niemals rauchen soll, während man selbst eine Zigarette in der Hand hält. Du musst in deinem Verhalten vorbildlich sein. Sobald du beginnst, ein echter Umsetzer zu werden, der Resultate erzielt, anstatt nur zu reden, wirst du Menschen extrem beeinflussen. Wenn du zum Beispiel willst, dass dein Team disziplinierter ist, musst du genau diese Disziplin vorleben. Werde zum lebendigen Beweis dafür, dass man im Leben mehr erreichen kann, als die meisten glauben, und du machst diese Welt zu einem besseren Ort.

Nachwort & Umsetzung

Mein Appell an dich und dein Äffchen

Du hast verstanden, dass wir dein Äffchen nicht aus dem Kopf bekommen sollten. Tatsächlich ist das Äffchen ein sehr wichtiger Teil deiner Persönlichkeit, den du nicht einfach so loswerden solltest. Dein Äffchen ist lernfähig und vielleicht kannst du es auf deine Seite bringen. Wirf ihm weiter Kekse hin! Du hast jetzt die Aufmerksamkeit des Äffchens und es fängt an, auf dich zu hören.

Mit den gelernten Aufgaben und Impulsen hast du weiter die Chance, deine unruhigen, impulsiven, unentschlossenen, verwirrten und unbeständigen Momente positiv zu nutzen.

CPSIA information can be obtained
at www.ICGtesting.com
Printed in the USA
LVHW102030150920
666054LV00009B/556